T0352456

Robert Schuman
Conseiller général
de la Moselle
1937-1949

P.I.E. Peter Lang

Bruxelles · Bern · Berlin · Frankfurt am Main · New York · Oxford · Wien

François ROTH, Jacques HENNEQUIN

Robert Schuman
Conseiller général
de la Moselle
1937-1949

Cahiers Robert Schuman

n° 2

Les auteurs remercient pour son aide Jean-François Thull, responsable de la Maison de Robert Schuman (Scy-Chazelles).

Photographies de couverture : (haut) portrait de Robert Schuman, © Fonds de la Maison de Robert Schuman ; (bas) portrait de Robert Schuman vers 1935, © Service départemental d'Archives de la Moselle (Saint-Julien-lès-Metz), 34 J 9.

© P.I.E. PETER LANG S.A.
    Éditions scientifiques internationales
Bruxelles, 2012
1 avenue Maurice, B-1050 Bruxelles, Belgique
www.peterlang.com ; info@peterlang.com

Imprimé en Allemagne

ISSN 2033-0626
ISBN 978-2-87574-015-1
D/2012/5678/102

Information bibliographique publiée par « Die Deutsche Nationalbibliothek »

« Die Deutsche Nationalbibliothek » répertorie cette publication dans la « Deutsche Nationalbibliografie » ; les données bibliographiques détaillées sont disponibles sur le site http://dnb.ddb.de.

Table des matières

ANNEXES

Sigles et abréviations

ADM — Archives départementales de la Moselle

CD-CDS — Centre démocrate-Centre des démocrates sociaux

CGT — Confédération générale du travail

CNR — Conseil national de la Résistance

CODAL — Comité d'aménagement au logement

IGAME — Inspecteur général de l'Administration
en mission extraordinaire

MRP — Mouvement républicain populaire

PRL — Parti républicain de la liberté

RDM — Rassemblement démocratique mosellan

RPF — Rassemblement du peuple français

SFIO — Section française de l'Internationale ouvrière

URL — Union républicaine lorraine

Avant-propos

La vocation des *Cahiers Robert Schuman* est de documenter, d'éclairer par des sources nouvelles le parcours du Père de l'Europe, et cela en portant la recherche sur des aspects qui ont été jusqu'à présent ignorés ou peu traités par les historiens.

Le présent ouvrage, qui s'inscrit à la suite d'un premier volume dédié à la pensée européenne de Robert Schuman, est le prolongement d'une communication de Jacques Hennequin à l'Académie nationale de Metz sur *Robert Schuman, conseiller général de la Moselle (1937-1949)* ; travail préliminaire que François Roth a revisité pour livrer ici une approche originale du mandat le moins connu de l'homme d'État mosellan.

Robert Schuman a pourtant été un serviteur attentif et efficace de l'institution départementale. Travaillant avec une méthode qu'il appliquera ensuite aux dossiers internationaux (clarté d'analyse, pragmatisme et esprit de conciliation), il porte son attention avec la même application sur des sujets structurants (le maintien des acquis du droit local, et notamment le régime concordataire) ou plus limités, dans le strict respect des attributions de l'assemblée départementale de son temps.

Cet ouvrage dévoile tout particulièrement son rôle en tant que conseiller général de Cattenom, un canton proche de la frontière et donc particulièrement exposé aux périls de la guerre qui s'annonce dès 1938. Dans le rapport sur le plan de mobilisation et d'évacuation qu'il présente lors d'une séance, Robert Schuman semble anticiper sur les événements et annonce déjà les difficultés auxquelles il devra faire face en tant que sous-secrétaire d'État aux Réfugiés dans les deux derniers gouvernements de la Troisième République.

En septembre 1945, au lendemain des tourments de la Seconde Guerre mondiale, Robert Schuman débute une brillante carrière ministérielle qui l'écarte progressivement du Conseil général, bien qu'il continue à servir, à une autre échelle, les intérêts du département et des Mosellans.

Cette étude dépasse la seule dimension biographique du personnage pour s'attacher au fonctionnement du Conseil général dans les compétences qui étaient les siennes avant les lois de décentralisation de 1982 et 1983. En analysant les débats et les budgets du Conseil général de cette époque, on mesure combien, jusqu'au seuil des années 1980, celui-ci demeurait une assemblée aux compétences limitées, maintenue sous l'étroite tutelle du préfet.

Ce volume contribue ainsi à une meilleure connaissance de l'histoire institutionnelle et politique de la Moselle tout en soulignant l'attachement de Robert Schuman à un territoire sur lequel s'est enraciné son engagement européen et dont la demeure de Scy-Chazelles, devenue site culturel départemental, fait aujourd'hui vivre et rayonner la personnalité et l'œuvre.

Patrick Weiten,
Président du Conseil général de la Moselle

CHAPITRE 1

Le Conseil général
de la Moselle et Robert Schuman

Le Conseil général de la Moselle a une longue histoire, une histoire longtemps discrète et silencieuse ; elle commence avec sa fondation à l'époque du Consulat (1800) et se poursuit depuis plus de deux siècles. Cette histoire qui est encore très mal connue, mériterait une étude spécifique.

Au temps de l'annexion à l'Empire allemand, 1873-1918

Après un temps d'hésitation, les autorités allemandes décidèrent de conserver le Conseil général, sous le nom de *Bezirkstag*, cette institution française dans les trois départements de l'Alsace-Lorraine annexée. En 1873, le président supérieur von Moeller procéda à la reconstitution des conseils généraux en conservant les modalités de la loi française de 1833 : même découpage des cantons, mandat de neuf ans pour les conseillers, élection au suffrage universel masculin au scrutin uninominal à deux tours. Cette reconstitution du Conseil général de Lorraine fut laborieuse[1] : d'abord les abstentions furent très élevées puis plusieurs élus de sensibilité protestaire refusèrent de prêter le serment à l'Empereur qui était exigé et ne purent donc pas siéger. Il fallut procéder à leur remplacement. Après quelques années de flottement, à partir de 1879, l'assemblée départementale de la Lorraine put enfin siéger au complet.

Le Conseil général n'était pas une assemblée politique ; les dates de ses deux sessions annuelles et leur ordre du jour étaient décidés par le préfet ; il était associé à la gestion du département sous l'autorité du président de Lorraine, le successeur allemand du préfet français ; il tenait deux brèves sessions annuelles de quelques jours, la première au printemps et la seconde à l'automne et son activité était très strictement encadrée. Il votait le budget annuel préparé puis exécuté par le président du département. Il pouvait aussi émettre des vœux qui se retrouvent classés dans les archives et dont la plupart restèrent lettre morte. Au fil

---

[1] ROTH, François, *La Lorraine annexée, 1870-1918*, 3ᵉ éd., Metz, Serpenoise, 2011, p. 183-184.

des années, ses présidents successifs, Édouard Jaunez puis Georges Ditsch[2], « le chêne noueux de Fénétrange » qui siégèrent à Strasbourg aussi tous deux à la délégation d'Alsace-Lorraine[3], purent faire progresser quelques propositions utiles. Le Conseil général qui avait, entre autres, la responsabilité des écoles normales d'instituteurs, a contribué à l'amélioration des transports, des routes, des voies d'eaux, de l'équipement hospitalier (établissements de Sarreguemines et Lorquin, sanatorium d'Abrechsviller) et sanitaire des habitants du département de la Lorraine/Moselle, sans négliger le soutien à l'agriculture et à la viticulture, éprouvée alors par le phylloxéra, comme le prouve la fondation du Centre viticole et arboricole d'Ars-Laquenexy qui remplit ces fonctions depuis plus d'un siècle. Le Conseil général émit son premier emprunt départemental seulement en 1909.

Au début du XXe siècle dans la mesure où les partis présentaient des candidats pour essayer d'évincer les notables, les élections devinrent plus politiques. C'était seulement une amorce, le début d'un lent processus[4]. En 1914, le Conseil général était resté un fief des « indigènes », c'est-à-dire des Lorrains car seulement six Allemands immigrés avaient réussi à s'y faire élire : dont trois à Metz, soit 4 % de l'effectif total ! À l'époque, on disait que le Conseil général était la place forte des notables ruraux. En effet les propriétaires fonciers et les gros agriculteurs étaient les plus nombreux ainsi que les notaires qui partageaient assez généralement leur manière de voir. Il ne faut toutefois jamais oublier que les industriels (à l'exception de ceux des mines et de la métallurgie) étaient bien représentés (10 sur 34 en 1914) et que ce fut l'un d'eux, Édouard Jaunez, industriel à Sarreguemines, qui présida le conseil pendant trente-quatre ans ! Ce qui frappe surtout c'était la durée du mandat. Une fois élu, souvent sans concurrent, on demeurait conseiller général à vie ou presque ! En 1913, le Conseil général fêta le jubilé de deux de ses membres, Thomas et Ditsch qui siégeaient tous deux depuis quarante ans dans l'assemblée départementale. Leurs collègues leur offrirent une statuette de bronze, l'une représentant « Le Travail » pour Thomas et l'autre « Le Gaulois défendant son foyer » pour Ditsch.

---

[2]   Pour les biographies d'Édouard Jaunez et de Georges Ditsch : ROTH, François, *Les Lorrains entre la France et l'Allemagne*, Metz, Serpenoise, 1981. Il faut aussi rappeler que l'avocat Georges Ditsch, son petit-fils, qui avait été stagiaire chez Robert Schuman, fut longtemps conseiller général de Sierck-lès-Bains et maire de Thionville (1957-1977).

[3]   ROTH, François, *Alsace-Lorraine : histoire d'un pays perdu*, Nancy, Place Stanislas, 2010.

[4]   ROTH, François, « Les Associations catholiques dans la Lorraine annexée à l'Empire allemand, 1890-1918 », in *La Société civile organisée aux XIXe et XXe siècles : perspectives allemandes et françaises*, Lille, Septentrion, 2010, p. 347-361.

Parmi ces conseillers généraux de l'annexion, deux noms méritent d'être sortis de l'oubli : le premier, Ferdinand Schuman, agriculteur et maire d'Évrange, un modeste village de 145 habitants situé à la frontière du Grand-Duché de Luxembourg et où les paysans s'adonnaient à la culture des céréales et à l'élevage. L'oncle de Robert Schuman représenta le canton de Cattenom à l'assemblée départementale. Le second, Alfred Lamy[5], fut longtemps conseiller général d'opposition du canton de Vic-sur-Seille ; à deux reprises, il résista aux tentatives du préfet allemand pour le faire battre ; c'était un spécialiste de la culture de la vigne et du houblon et ses avis pertinents furent souvent écoutés. En 1912, après la retraite d'Édouard Jaunez, ses collègues le portaient à la vice-présidence de l'assemblée départementale, aux côtés de son ami, le président Georges Ditsch. En juillet 1914, malgré ses 67 ans, il fut arrêté par la police allemande puis pendant quatre ans assigné à résidence à ses frais dans une localité du Nord de l'Allemagne, Wanfried-sur-Werra.

Ce fut probablement, l'oncle Ferdinand Schuman, cet homme discret, qui initia son neveu Robert à la politique départementale et régionale. Élu au Conseil général en 1894, il fut réélu en 1903 et en 1912, sans concurrent. Le Conseil général l'envoya siéger à la délégation de Strasbourg (*Landesausschuss*) puis il fut élu député au *Landtag* d'Alsace-Lorraine. En janvier 1912, Ferdinand Schuman, maire d'Évrange, fut investi comme candidat à la seconde chambre du *Landtag* par le parti lorrain indépendant et le centre catholique pour une circonscription qui réunissait les trois cantons de Cattenom, Metzervisse et Sierck ; le siège était convoité par deux autres candidats : le socialiste était un inconnu ; par contre, le maire de Koenigsmacker, Pierre Leitienne, un agriculteur et un marchand de bois de sensibilité libérale, était plus dangereux et fit une campagne active ; il attaqua Ferdinand Schuman dans les journaux de Metz, expliquant que cet homme n'était pas indépendant du gouvernement et qu'il ferait un mauvais député. Il affirmait : « Nul ne peut et ne veut être plus indépendant que moi vis-à-vis du gouvernement. M. Schuman n'est pas cet homme […]. Il remplit certaines petites charges, fort bien rémunérées par le gouvernement. » *La Moselle* lui prédisait que ses électeurs lui offriraient « la seule récompense qu'il mérite, une veste bien conditionnée ». Ces attaques furent sans aucun effet. Qui pouvait lire cet hebdomadaire de langue française[6] dans sa circonscription ? Personne ou presque. Ferdinand Schuman fut élu au premier tour à une forte majorité avec 2 997 voix contre 1 695 à Leitienne et 357 au socialiste Biermann.

---

[5]   ROTH, François, « Alfred Lamy, 1845-1925, un Lorrain du Saulnois au temps de l'annexion », in *Les Cahiers lorrains*, n° 3-4, septembre 2006, p. 69-79.

[6]   *La Moselle*, 10 octobre 1911 et 25 mars 1912.

Photo du Conseil général de la Lorraine (*Bezirkstag*) à l'occasion du départ du président de Lorraine (*Bezirkspräsident*) Zeppelin-Aschhausen. *La Croix de Lorraine* – supplément hebdomadaire du *Lorrain*, 24 mars 1912. Ferdinand Schuman est au deuxième rang, deuxième en partant de la gauche. Le président Ditsch est au premier rang, quatrième en partant de la droite. À sa droite : la comtesse Zeppelin dont la fille porte un costume lorrain. © Service départemental d'archives de la Moselle (Saint-Julien-lès-Metz), 1 AL 42-80. Cliché : Luc Dufrène.

Au *Landtag*, il s'inscrivit au groupe lorrain présidé par Auguste Labroise ; Ferdinand Schuman intervenait peu en séance plénière. Il monta toutefois à la tribune pour plaider « la tâche sacrée d'obtenir du gouvernement la grâce de tant de malheureux qui souffrent, loin de leur pays, pour avoir écouté la voix de leur cœur et de la jeunesse ». Il n'était pas le premier à faire cette demande d'amnistie qui devait concerner tous les cas de désertion antérieurs à 1891. Le député Grégoire et d'autres l'avaient déjà fait avant lui. C'était le 23 mai 1912. Les autorités militaires refusèrent d'accorder cette amnistie pour des faits datant de plus de vingt ans.

Le maire d'Évrange avait la confiance de ses collègues qui lui demandèrent au nom des maires de langue allemande de parler au banquet d'adieu offert à l'hôtel Terminus de Metz par les maires de Lorraine au président de Lorraine von Zeppelin-Aschhausen (mars 1912). Celui-ci avait été très apprécié de ses administrés pour sa courtoisie, son respect pour la langue française et le souci des intérêts du département.

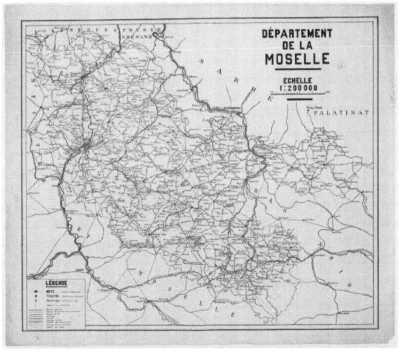

Carte administrative du département de la Moselle, s.d. © Service départemental d'archives de la Moselle (Saint-Julien-lès-Metz), 1 Fi Moselle 9. Cliché : Luc Dufrène.

Le retour à la France

En novembre 1918, après quarante-huit ans d'annexion, la Lorraine mosellane redevenait française et reprenait son nom de Moselle. Parmi le comité d'accueil figuraient les deux députés au Landtag, François Zimmer, bientôt maire français de la ville et Ferdinand Schuman ainsi que l'archiprêtre Wagner qui avait été assigné à résidence de longs mois dans son village natal de Buding. La présence de Ferdinand Schuman était le signe de la persistance dans cette famille des sentiments français.

Le Conseil général fut reformé et se vit appliquer les lois françaises : mandat de six ans au lieu de neuf ans, création de la commission départementale qui assurait le suivi des affaires dans l'intervalle des sessions. Aucun découpage nouveau ne fut réalisé et jusqu'en 1940, les 36 cantons élurent 36 conseillers généraux. La tutelle du préfet demeurait très forte.

Le Conseil général fut renouvelé en 1919 : plusieurs de ses membres étaient décédés dont le président Georges Ditsch quelques semaines avant le 11 novembre 1918 ; d'autres étaient trop âgés comme Ferdinand Schuman pour se représenter. Robert Schuman qui allait être élu en novembre 1919 député de la Moselle, ne songea pas un instant à recueillir la succession de l'oncle Ferdinand. Le nouveau conseil comprenait quelques anciens dont Alexis Wéber, élu de Boulay, Alfred Lamy, élu de Vic-sur-Seille, le banquier Léon Henry, maire de Courcelles-Chausssy, élu du canton de Pange et Jules Bertrand, maire de Marange-Silvange, élu du canton de Metz-campagne depuis 1909. Les nouveaux élus qui étaient les plus nombreux, tinrent à porter à la présidence un grand ancien, Alfred Lamy qui était revenu à Vic-sur-Seille après quatre années de résidence forcée en Allemagne ; ses collègues rendaient hommage à son sens des intérêts du département et à son patriotisme. Lamy, qui avait plus de 70 ans, était encore vigoureux ; il exerça cette présidence jusqu'en 1924, date à laquelle il fut remplacé par le député Guy de Wendel[7], conseiller général d'Hayange.

Au fil des renouvellements, la composition du Conseil général avait lentement évolué et les agriculteurs et les notables ruraux étaient moins nombreux, sans pour autant avoir perdu la majorité. La plupart des conseillers qui n'avaient pas d'étiquette politique, se réclamaient du parti départemental majoritaire, l'Union républicaine lorraine (URL). Il

---

[7] Guy de Wendel, 1878-1955, député de la Moselle, 1919-1927, puis sénateur de 1927 à 1940. Notice dans *Dictionnaire des parlementaires lorrains de la Troisième République* (sous la direction de Jean El Gammal), Metz, Serpenoise, 2007, p. 316.

comptait deux prêtres, le chanoine Charles Ritz[8], directeur politique du *Lorrain* qui représentait depuis 1923 le canton de Verny et le curé Jean-Paul Weber, élu du canton de Volmunster et qui, à l'époque de l'annexion, avait été le président du parti du Centre pour le cercle de Sarreguemines. Lors de la poussée autonomiste des années 1925-1928, le Conseil général prit des positions fermement nationales. Cette attitude n'empêcha pas les autonomistes catholiques de gagner quelques sièges dans l'est du département : Adolphe Straub à Sarralbe, Victor Antoni à Fénétrange, Eugène Foulé à Grostenquin et le docteur Joseph Kirsch à Phalsbourg. Au cours des années 1930, la gauche, jusque-là absente du Conseil général, conquit deux sièges : Alexandre Hoffmann, un instituteur SFIO, maire de Petite-Rosselle depuis 1935, fut élu à Forbach et le docteur Léon Burger, élu conseiller général du canton de Metz I avec l'appui de l'URL, avait ensuite évolué vers la gauche.

Dans la foulée de la victoire du Front populaire, la gauche, essentiellement le parti communiste, fit des progrès importants dans les milieux ouvriers. Le président du Conseil général, Guy de Wendel en fonction depuis treize ans et qui avait démissionné de son siège de conseiller général d'Hayange, ne se représenta pas et fut remplacé par le député Émile Béron, un ancien député communiste, devenu indépendant de gauche mais pour lequel le parti consentit à appeler à voter au second tour.

Il faut maintenant présenter le successeur de Guy de Wendel à la présidence du Conseil général, le député Robert Sérot[9]. Le souvenir de cette personnalité un peu oubliée, mérite d'être rappelé. Malheureusement jusqu'à présent l'historien est presque totalement dépourvu de document à son sujet. Cet ingénieur agronome était né à Saint-Dizier d'une vieille famille de négociants messins longtemps installés place Saint-Louis. De retour en Moselle en 1919, il avait été placé sur la liste de l'URL et élu aisément député en 1919 à l'âge de 34 ans ; il avait été ensuite constamment réélu, d'abord dans le cadre du département puis à partir de 1928 dans la circonscription de Metz II, toujours au premier tour. Il s'était spécialisé dans les questions agricoles et favorisa notamment l'installation du Crédit agricole en Moselle. Pendant quelques mois, il fut sous-secrétaire d'État à l'Agriculture. En 1930, il succéda dans le canton de Pange au banquier Henry ; puis il fut élu vice-président de l'assemblée départementale. Excellent connaisseur de son dépar-

---

[8]   ROTH, François, « Un journaliste messin du début du vingtième siècle : l'abbé Charles Ritz, directeur politique du *Lorrain* », in *Mémoires de l'Académie nationale de Metz*, 2009.

[9]   Robert Sérot, 1885-1954. Notice dans *Dictionnaire des parlementaires lorrains de la Troisième République*, *op. cit.*, p. 313-314. *Jubilé parlementaire de messieurs Robert Sérot et Robert Schuman, 1919-1949*, Metz, Le Lorrain, 1949.

tement, du monde rural et ayant de nombreux relais à Paris où il habitait, il succéda naturellement le 16 novembre 1936 à Guy de Wendel qui avait présenté sa démission, tout en conservant son mandat de sénateur de la Moselle. Robert Sérot qui avait 51 ans et déjà une grande expérience des affaires, se révéla vite un présidant actif et habile.

L'entrée inattendue de Robert Schuman au Conseil général de la Moselle

En octobre 1937 se déroulèrent les élections cantonales. 18 cantons sur 36 étaient renouvelables dont celui de Cattenom qui était jusque-là représenté par Émile Reiter, président honoraire de la cour d'appel de Nancy et maire de Roussy-le-Village, qui habitait à Nancy, rue de la Ravinelle. Le préfet lui attribuait l'étiquette de « républicain de gauche » qui avait été celle de Poincaré, de Lebrun et de Maginot. En raison de son grand âge, Émile Reiter décida de se retirer. Sa succession aiguisa des convoitises. Pas moins de cinq candidats se déclarèrent et, à partir du début de septembre 1937, entrèrent en campagne[10]. La droite et le centre étaient représentés par trois candidats. Le plus en vue et aussi le plus combatif était un avocat catholique de Thionville, Paul Walter ; il dut disputer les électeurs à deux concurrents : Marcel Dellinger, un instituteur qui animait des associations nationales et Charles Bach, un clerc de notaire moins connu, qui prit l'étiquette de « républicain de gauche ». Dans aucun texte, aucune réunion, le nom de Robert Schuman n'était apparu. Ses sympathies allaient probablement à Paul Walter mais il ne le fit pas savoir. De son côté, la gauche présentait deux candidats : un mineur socialiste SFIO de Volmerange-lès-Mines, Nicolas Schuller et un communiste Louis Kubach. Au cours de la campagne, les données locales et départementales restèrent à l'arrière-plan : les candidats se placèrent pour ou contre le Front populaire. Les deux candidats de gauche avaient passé un accord de désistement en faveur de celui qui serait le mieux placé au second tour.

Les résultats du premier tour montrèrent un recul de la droite et des progrès sensibles des candidats de gauche pour lesquels avaient voté les mineurs et ouvriers d'Hettange-Grande devenue la commune la plus peuplée du canton. La droite conservait la majorité : l'avocat Paul Walter arrivait en tête détaché avec un peu plus de 30 % des suffrages ; pour avoir des chances de succès au second tour, il devait obtenir le désistement des deux autres candidats qui refusèrent. Par contre, le communiste annonça immédiatement son désistement en faveur du

---

[10] Archives départementales de la Moselle (ADM) 303M 77, rapports du commissaire de police spécial, 7, 14 et 15 octobre 1937. Le 7 octobre, ce dernier prévoyait l'élection de Walter, « probablement de justesse ».

socialiste Schuller arrivé en seconde position ; celui-ci espérait aussi recueillir une partie des voix qui s'étaient portés sur Dellinger et Bach. Selon le commissaire spécial[11], le Front populaire « s'apprête à faire une courte et vigoureuse campagne dans le canton de Cattenom ». Dans ce contexte le siège de conseiller général de Cattenom pouvait être perdu par la majorité départementale désunie. Pour éviter un échec, qui a pris la décision de s'adresser à Schuman ? Le président Robert Sérot ? Ou le chanoine Jean-Jacques Valentiny[12], le directeur de la *Lothringer Volkszeitung* qui avait soutenu la candidature Walter et qui était un ami personnel de Schuman ? Le commissaire spécial de police avance que la candidature Schuman aurait été décidée à Metz « bien probablement lors d'une réunion tenue dans un bureau de la *Lothringer Volkszeitung* », sans indiquer le nom des participants. Schuman aurait recherché une « solution d'arbitrage ». Ayant constaté l'impossibilité d'une entente, Schuman se résigna à poser sa candidature. Il avait des atouts : il était député de la circonscription ; le clergé catholique lui était tout acquis ; il avait conservé des attaches familiales à Évrange ; le nom de l'oncle Ferdinand n'était peut-être pas encore totalement oublié chez les électeurs les plus âgés. Son cousin germain, François Schuman[13], était depuis longtemps conseiller municipal d'Évrange. Après avoir refusé deux fois le poste de maire de la commune (1919 et 1926), il avait enfin accepté en 1930 après la démission de Jean-Pierre Schwirtz, à la suite d'un conflit lié à l'installation de l'électricité dans la commune. Certes, avec ses 25 électeurs, Évrange ne comptait pas beaucoup !

Rappelons aussi que Sérot et Schuman siégeaient au Palais-Bourbon depuis 1919, qu'ils étaient très liés, même s'ils ne se plaçaient pas sur la même ligne politique. Sérot était plus à droite et était resté fidèle au groupe Marin tandis que Schuman était un chrétien social proche des démocrates populaires auxquels il était encore apparenté à la Chambre. Ce fut probablement sur les instances de Sérot que Schuman décida de se porter candidat ; toutefois on ne possède aucun document, aucune lettre pour apporter la moindre preuve.

Dans la soirée du mercredi 13 octobre, Robert Schuman annonça sa candidature par un communiqué qui fut publié le lendemain dans les journaux amis et seulement le vendredi 15 par *L'Écho de Thionville* dont le directeur René Hombourger était un fidèle soutien. Sa tonalité

---

[11] Selon *Le Lorrain*, 14 octobre 1937, Schuman se plaçait « au-dessus des considérations de personnes et de partis ».

[12] Sur le chanoine Jean-Jacques Valentiny, 1887-1960, *cf.* ROTH, François, *Le Temps des journaux*, Metz/Nancy, Serpenoise/Presses universitaires de Nancy, 1983, p. 161-177.

[13] ADM M303/109. François Schuman, agriculteur né le 8 mai 1876, était de dix ans plus âgé que son cousin Robert. ADM 303 M 81, 83 et 87.

était très politique : il fallait réaliser « l'union de tous les électeurs anticommunistes [...]. Il faut barrer la route aux communistes et à leurs alliés, sans rien abandonner de notre programme social ». Voici le texte complet de ce communiqué :

> Le résultat du premier tour du scrutin paraissait faciliter l'union de tous les éléments anticommunistes au second tour. Je m'y suis employé de toutes mes forces pendant quarante-huit heures ; mes tentatives réitérées ont échoué, en raison de dissensions personnelles insurmontables.
>
> Il ne restait qu'une seule issue : une candidature nouvelle agréée par les trois candidats nationaux. C'est ainsi que l'accord s'est réalisé sur mon nom.
>
> Soyez assurés que je n'ai pas recherché cet honneur, ni cette responsabilité nouvelle. La situation électorale dans le canton ne me permet pas de me dérober. Il faut empêcher ce scandale que serait l'élection d'un adversaire dont la politique est à l'opposé des idées de la majorité des électeurs. Il faut barrer la route aux communistes et à leurs alliés, sans rien abandonner de notre programme social.
>
> Je remercie ceux qui ont compris le danger. M. Walter que le nombre des suffrages obtenus qualifiait pour mener seul le combat jusqu'au bout, MM. Dellinger et Pirus, qui ont retiré leur candidature en faveur de la mienne.
>
> Dans l'impossibilité de faire une campagne électorale en trois jours, je fais appel à votre confiance que vous m'avez témoignée si souvent déjà. Soyez assurés que dans le cadre du département, je m'efforcerai de servir votre cause comme je le fais depuis dix-huit ans au parlement.
>
> Méfiez-vous des manœuvres qui ne manqueront pas d'être tentées en dernière heure ! Faites l'union autour du même drapeau !
>
> *Robert Schuman, député de Thionville*

L'Écho de Thionville prolongeait la déclaration de Schuman par cet appel pressant : « Aux électeurs de comprendre leur devoir. Nous connaissons trop le bon sens et le patriotisme des citoyens du canton de Cattenom pour douter de leur attitude lors du scrutin de dimanche prochain. Tous voteront en rangs serrés pour Monsieur Schuman, député de Thionville, véritable candidat d'union et de conciliation. »

Au second tour il ne restait plus en lice que deux candidats : Nicolas Schuller, « candidat unique du Front populaire » et Robert Schuman, sans étiquette, candidat en fait des droites que *Le Lorrain* présentait comme « un candidat d'union ». Schuman n'eut pas le temps de faire campagne et ne fit aucune réunion publique ce dont il s'excusa auprès des électeurs. Paul Walter annonça son retrait en faveur de Schuman, un homme qui se plaçait « au-dessus des considérations de personnes et de partis ». Marcel Dellinger appelait à voter « pour l'homme intègre qu'est le député Schuman ». Le troisième candidat, Charles Bach qui se disait « indépendant », resta très discret. On ne sait rien d'un dénommé Pirus dont le nom fut lancé au lendemain du premier tour et qui se retira en faveur de Schuman. La campagne de ce second tour fut très politique : à droite, le mot d'ordre était la lutte contre le communisme et le Front populaire, à gauche, la lutte contre le fascisme et la réaction sociale. Schuman rédigea une assez longue profession de foi (annexe 1) qui fut publiée le samedi 16 octobre par *L'Écho de Thionville*. On ignore si elle fut distribuée aux électeurs sous forme de tract. Elle reprenait plusieurs phrases de la déclaration du mercredi 13 et élargissait le débat. D'une part, Schuman rappelait ses positions politiques et son action au parlement depuis dix-huit ans ; d'autre part, il ébauchait un programme qui pouvait être réalisé dans le cadre du département, sans négliger les négociations nécessaires avec l'État. La formule « Front populaire » était soigneusement évitée ; Schuman était le candidat « de l'ordre, de la conciliation et du progrès social ». Le nom de son adversaire n'était pas cité ; il n'était pas désigné comme socialiste SFIO mais comme un homme dont « la doctrine reste ce qu'elle était : révolutionnaire et basée sur la lutte des classes, c'est-à-dire sur la haine et sur la violence ».

Robert Schuman qui disposait d'un potentiel confortable, fut seulement élu conseiller général avec un peu plus de 300 voix d'avance sur son concurrent SFIO. L'élection était nette, sans être un raz de marée en sa faveur. Le candidat de la gauche qui augmentait son potentiel du premier tour de plus de 300 voix, arrivait en tête dans quatre communes sur dix-sept : Hettange, Volmerange, Garche et Entrange (avec une voix seulement !). Dans son rapport, le préfet soulignait : « [...] glissement marqué du corps électoral vers la gauche ; le parti SFIO gagne des voix. »

Élection cantonale des 10 et 17 octobre 1937

	1er tour	2e tour
Inscrits	3 710	3 711
Votants	3 055	3 148
Exprimés	2 907	3 109
Paul Walter	1 042	
Nicolas Schuller	693	1 386
Marcel Dellinger	517	
Charles Bach	398	
Louis Kubach	397	
Robert Schuman	-	1 718 **élu**

Dans son rapport du 18 octobre, le préfet de la Moselle, Marc Chevalier[14], qui avait attribué à Schuman l'étiquette de « démocrate populaire », soulignait « la qualité du nouvel élu, le crédit dont il jouit

---

[14]   ADM M303/ 77, rapport du préfet Chevalier, 18 octobre 1937.

parmi les populations paysannes, l'autorité qui accompagne ses avis dans les sphères dirigeantes de la politique mosellane ». Il concluait en ces termes : « Alors que certains problèmes inhérents aux trois départements recouvrés ne sont pas encore réglés, notamment celui de la prolongation de la scolarité, il n'est pas douteux que l'entrée de M. Robert Schuman au Conseil général de la Moselle constitue un événement d'importance. » Cette prévision du préfet était juste ; elle allait rapidement être confirmée. Le lendemain de l'élection, *L'Écho de Thionville* se réjouissait en ces termes du succès de son candidat qui rejoignait à l'assemblée départementale le docteur Cayet élu à Thionville au premier tour : « La place que le député de Thionville occupe au parlement français où ses collègues, même ceux qui ne sympathisent pas avec lui politiquement parlant, se plaisent à reconnaître un homme d'excellente compagnie, un juriste éminent, une valeur enfin, à qui rien de la politique intérieure, ni extérieure, n'est étranger ; cette place sera également la sienne au Conseil général. »

Lors de ce renouvellement d'octobre 1937, la poussée de la gauche[15] fut sensible, plus en nombre de voix qu'en gain de sièges. À Saint-Avold, le siège du vice-président du conseil, Théodore Paqué, qui ne se représentait pas, fut gagné grâce à une triangulaire (le maintien du député Alex Wiltzer) par le syndicaliste communiste Pierre Muller. Le préfet notait que Muller était « intelligent et bon orateur ». En 1945, après son retour de déportation, il poursuivit une carrière politique jusqu'au début des années 1960. À Metz-campagne, le communiste Eugène Anstett battait avec 50 voix de majorité le maire de Montigny-lès-Metz, Félix Peupion, qui cherchait à succéder à un vétéran de la protestation, Jules Bertrand, menacé depuis qu'il avait perdu sa mairie de Marange-Silvange. Ce fut dans ce contexte que Robert Schuman entra au Conseil général. La majorité départementale restait écrasante avec 32 sièges sur 36. Au total la gauche gagnait seulement un siège : elle perdait un siège celui de Metz I conquis dès le premier tour par le docteur Wolff, elle conservait les cantons de Forbach et d'Hayange et gagnait ceux de Metz-campagne et de Saint-Avold. Désormais l'opposition détenait 4 sièges sur 36 : 2 communistes, 1 socialiste SFIO, 1 indépendant de gauche.

---

[15] Le Front populaire en Moselle est présenté dans l'étude de Pierre Schill, *1936 : visages et figures du Front populaire en Moselle*, Metz, Serpenoise, 2006.

CHAPITRE 2

Un premier mandat très actif, 1937-1940

La première session du Conseil général partiellement renouvelé s'ouvrit à la préfecture de la Moselle trois jours plus tard, le mercredi 20 octobre 1937 sous la présidence d'Alexis Wéber[1], doyen d'âge, réélu conseiller général de Boulay et en présence du préfet de la Moselle Marc Chevalier. Parmi les 36 conseillers généraux, plus de la moitié étaient maires de leur commune et parmi eux, Paul Vautrin[2], maire de Metz. Le conseil comptait déjà cinq parlementaires, trois députés, Robert Sérot, Émile Peter[3] et Émile Béron[4] et deux sénateurs Édouard Corbedaine[5], président de la chambre d'agriculture de la Moselle et Jules Wolff[6], élu de Vic-sur-Seille. À la suite de l'arrivée de Robert Schuman et de François Baudouin[7], sept parlementaires siégeaient désormais à l'assemblée départementale.

Élection d'un bureau de continuité

Après les allocutions d'usage, le Conseil général procéda à l'élection de son bureau. Robert Sérot était candidat à sa propre succession. Il fut aisément réélu par 31 voix sur 34 votants, soit les voix de la majorité départementale. Puis le conseil procéda à l'élection des deux vice-

---

[1]   ROTH, François, « Alexis Wéber, un notable lorrain de la Belle Époque », in *Les Lorrains entre la France et l'Allemagne*, *op. cit.*, p.155-207.

[2]   Paul Vautrin, 1876-1938, propriétaire d'un café-restaurant place de la Cathédrale, était conseiller municipal depuis 1914 ; il fut maire de Metz de 1924 à 1938.

[3]   Émile Peter, 1887-1974, maire de Sarrebourg, 1933-1940, député de Sarrebourg, 1928-1940.

[4]   Émile Béron, 1891-1966, d'origine alsacienne, syndicaliste CGTU puis député communiste de la Moselle, 1928-1932. Après sa rupture avec le parti en 1933, il fut réélu comme indépendant de gauche de 1932 à 1940.

[5]   Édouard Corbedaine, 1870-1950, agriculteur, maire de Thicourt, conseiller général de Faulquemont, sénateur de la Moselle, 1932-1940.

[6]   Jules Wolff, 1878-1955, instituteur, élu conseiller général de Vic-sur-Seille en 1925, député de la Moselle, 1928-1932, sénateur de la Moselle, 1932-1940. Notice dans *Dictionnaire des parlementaires lorrains de la Troisième République*, *op. cit.*, p. 318-319.

[7]   François-Xavier Beaudoin, 1904-1945, élu député de Château-Salins en 1936. Résistant, arrêté à Tours en septembre 1943, déporté au camp de Flossenburg, il fut fusillé le 15 avril 1945.

présidents et des trois secrétaires : Paul Vautrin, maire de Metz était réélu premier vice-président, le chanoine Charles Ritz[8] jusque-là secrétaire, conseiller général de Verny, accédait à la seconde vice-présidence ; tous deux avaient obtenu 31 voix. Furent ensuite élus secrétaires Lucien François, Francis Liard et le docteur René Cayet. Le bureau étant constitué, on passa naturellement à la formation des commissions. Robert Schuman entra à la commission des finances ; c'était l'une de ses spécialités ; il en fut élu président. Parmi les multiples représentations du Conseil général, Alexis Wéber proposa d'envoyer siéger Schuman comme membre suppléant du conseil d'administration des Mines domaniales d'Alsace. Schuman accepta cette délégation. Le plus important était ailleurs. Schuman fut désigné comme l'un des représentants du département de la Moselle à la conférence interdépartementale qui se réunissait à Strasbourg « pour examiner les questions concernant les trois départements ». C'était la reconnaissance d'une compétence particulière. Jusqu'en 1925, Robert Schuman avait siégé à Strasbourg dans les multiples instances et commissions chargées de préparer la réintégration juridique de l'Alsace-Lorraine dans le système français. Puis il avait présidé de 1928 à 1936 la commission d'Alsace-Lorraine de la Chambre des députés. Schuman exerça ce mandat dès le 22 octobre, jour où il se rendit à une réunion prévue à Strasbourg. Le lendemain 23 octobre, il était de retour à Metz pour participer avec ses collègues aux travaux de la session d'automne au cours de laquelle il rendit compte des échanges de vues avec ses collègues alsaciens lors de la rencontre interdépartementale du jour précédent.

Schuman s'impose au Conseil général

Dès le premier jour de la session, Robert Schuman fut immédiatement opérationnel et prit une part active aux débats de l'assemblée départementale et aux travaux des commissions, le plus souvent par des remarques brèves ; il faisait aussi des interventions plus longues et plus techniques[9] qui montraient à quel point l'homme maîtrisait ses dossiers ; il intervenait le plus souvent en juriste toujours avec une précision et une remarquable clarté d'exposition. Parfois l'homme politique perçait sous le juriste. On en citera quelques exemples.

---

[8]   Conseil général de la Moselle, 1937, p. 497-502. Charles Ritz, 1880-1939, prêtre du diocèse de Metz, journaliste au *Lorrain*, directeur politique du *Lorrain* de 1921 à sa mort en janvier 1939. ROTH, François, « Un journaliste messin du début du vingtième siècle : l'abbé Charles Ritz, directeur politique du *Lorrain* », *op. cit.*

[9]   Conseil général de la Moselle, 1937, p. 511-515.

Une intervention de Robert Schuman durant une session du Conseil général. Au second plan et au centre : Émile Hennequin, adjoint au maire et conseiller général de Metz, s.d (fin des années 1930). © Collection particulière.

Il est difficile d'apprécier son rôle exact en tant que président de la commission des finances. Le budget du Conseil général[10] qui était alors établi par les services de la préfecture, comportait de nombreuses dépenses obligatoires qui limitaient les marges de manœuvre : salaires, fonctionnement, entretien des bâtiments départementaux, service de la dette. Les principales compétences du Conseil général étaient les écoles normales d'instituteurs, les hôpitaux psychiatriques de Gorze, Lorquin, Sarreguemines, les archives départementales (alors conservées à la préfecture). Le budget qui affichait un léger excédent, s'élevait lentement chaque année. Pour des dépenses extraordinaires, l'emprunt était une nécessité. Le premier grand emprunt avait été réalisé en 1909 à l'époque allemande ; d'autres avaient suivi pour l'adduction d'eau potable, l'électrification rurale, le téléphone, les travaux entrepris à l'hôpital psychiatrique de Sarreguemines, la construction de casernes de gendarmerie... Les seuls domaines où l'on pouvait agir étaient les aides diverses aux communes, aux associations et les nombreuses subventions

---

10   ADM 7N38.

déjà consenties par le Conseil général. Aucun document ne permet de dire si Schuman a agi dans une voie différente ou s'il s'est contenté de poursuivre celle tracée par ses prédécesseurs. Ce n'était guère un homme porté à bouleverser l'existant !

Budget du Conseil général de la Moselle (en millions de francs)

	Dépenses	Recettes
1936	108,958	109,047
1937	122,078	121,918
1938	123,301	123,270
1939	131,574	131,398

Robert Schuman se montrait soucieux des finances du département. Il ne poussait jamais à la dépense. On le voit à ses multiples interventions[11] : « Il faut un contrôle » ; « Un secours ne donne jamais ouverture à un droit » ; « C'est le tarif légal, on ne peut aller au-delà ». Prenons l'exemple de subventions pour l'amélioration des chemins vicinaux demandées par quelques communes en vertu d'une situation remontant à l'annexion. Schuman intervint pour demander à la commune d'apporter la preuve « d'une convention entre le département d'alors et la commune ». Il ajoutait : « Si nous n'avons pas cela, nous créons un précédent. » Le conseil suivit Schuman et n'accorda pas la subvention demandée.

Depuis octobre 1936, une question agitait les esprits et plus particulièrement les catholiques mosellans et alsaciens ; c'était l'application dans les trois départements recouvrés de la prolongation de scolarité prévue par le décret du 10 octobre 1936[12] ; celle-ci était prolongée jusqu'à 15 ans pour les garçons et 14 ans pour les filles. Cette décision du gouvernement de Front populaire et de son ministre de l'Instruction publique, le radical-socialiste Jean Zay, avait ému les milieux catholiques d'Alsace et de Moselle qui y virent une menace au statut confessionnel de l'école primaire. Sur proposition de l'abbé Ritz qui, dans son journal *Le Lorrain*, avait pris une position en flèche contre le décret, le Conseil général de la Moselle proposa un vœu qui créa un incident avec le préfet. Celui-ci avait posé la question préalable ; devant le refus du conseil, pour la première fois depuis 1919, le préfet quitta la salle de délibérations. La motion Ritz fut adoptée à une forte majorité ; seuls s'y opposèrent les quatre conseillers de gauche. On pouvait lire dans ce

---

[11] Conseil général de la Moselle, 1937, p. 591, p. 629, p. 643.

[12] Conseil général de la Moselle, 1937, p. 647-650. KIEFFER, Jean, *L'Enseignement primaire mosellan de 1918 à 1939*, Metz, Serpenoise, 1997, p. 95-104, et ROTH, François, *Robert Schuman : du Lorrain des frontières au père de l'Europe*, Paris, Fayard, 2008, p. 180-181.

texte que ce décret « était contraire aux intérêts vitaux de la population rurale en particulier, ainsi que des couches sociales les plus pauvres et généralement des plus chargées d'enfants ». On peut ne pas être convaincu de la pertinence de cet argument ! Les parlementaires des trois départements recouvrés (37 sur 39) et parmi lesquels Robert Schuman, avaient adressé une lettre au président du Conseil (14 mars 1937) et un recours avait été déposé le 20 janvier 1937 par des pères de famille catholiques devant le Conseil d'État dont l'avis sera définitif. Schuman lui-même avait demandé une audience à Léon Blum qui était resté sur ses positions. Depuis cette date, Léon Blum avait quitté le pouvoir mais Jean Zay était resté ministre de l'Instruction publique dans le gouvernement de Camille Chautemps[13]. Pour sa part, Schuman n'avait pas refusé dans le décret du 10 octobre 1936 la mesure qui portait à 14 ans pour les filles l'âge légal de l'obligation scolaire ; il disait seulement que la réforme n'avait pas été faite légalement et il attendait la décision du Conseil d'État à l'avis duquel il se rangerait. D'ici là, la réforme contestée était applicable par l'Administration.

La question scolaire fut de nouveau évoquée en commission les 23 et 25 octobre 1937 devant le Conseil général. Schuman intervint dans le débat pour en rappeler les données et pour dire : « C'était la question du caractère bilingue et du caractère religieux des écoles. C'est là ce qui avait, malgré nous, donné un aspect politique à la question. » Robert Schuman n'était ni agressif ni intransigeant ; il était conscient que l'enseignement postscolaire pouvait apporter aux populations germano-phones un perfectionnement dans l'étude du français. Son but était d'accélérer la décision. Voilà comment il expliquait sa position à ses collègues : « Nous n'avons pas à nous faire juge de la légalité du décret ; nous n'avons jamais prétendu le faire. Nous avons donné individuelle-ment notre opinion – je n'ai pas caché la mienne, mais nous n'avons pas à statuer sur ce point. Nous disons simplement : un litige existe ; nous désirons que la décision intervienne promptement. Sur ce point, il me semble que nous devrions faire l'unanimité, sans préjuger du fond. Vous pouvez avoir l'espoir que le Conseil d'État confirme la légalité du décret. S'il en est ainsi, nous nous inclinerons. Nous aurons sans doute à prendre une initiative dans une autre enceinte. » Dans l'hypothèse d'une annulation, il ne souhaitait pas de retour au *statu quo ante*. Son opposi-tion n'était pas « un simple veto, une simple obstruction ». Il proposait d'examiner les modalités de la formation professionnelle et d'un ensei-gnement postscolaire dans le cadre d'une commission technique qui

---

[13] Camille Chautemps, 1885-1963, une des personnalités du parti radical-socialiste, plusieurs fois ministre, président du Conseil, 1930-1933-1934, 1937-1938, vota les pleins pouvoirs le 10 juillet 1940. Établi aux États-Unis de novembre 1940 à la fin 1944. S'est tenu à l'écart de la France libre.

entendrait les représentants des différents groupements économiques. Dans cette délicate question[14], le préfet de la Moselle portait un jugement positif et admiratif sur l'intervention de Schuman : « En toute impartialité, et sans jamais se départir d'une objectivité lumineuse, M. Schuman retraça la genèse de la question, soulignant la nécessité qui s'imposait à tous de respecter les prescriptions légales et réglementaires. » Il soulignait sa recherche « d'une solution conciliatrice et constructive ». Schuman déposa un vœu qui fut adopté à l'unanimité, avec l'accord des élus de gauche.

Le 3 décembre 1938, le Conseil d'État annula le premier article du décret du 10 octobre 1936 pour excès de pouvoir. En décembre suivant, lors du vote du budget, Schuman intervint pour demander au ministère Chautemps l'annulation de ce décret, ce qu'il fit quelques semaines plus tard. Schuman restait attentif aux besoins des familles rurales et il appuya un vœu demandant la libération scolaire à Pâques par les élèves qui avaient déjà 14 ans et leur certificat d'études.

Parmi les autres questions à l'ordre du jour, il faut signaler la participation de Schuman à un débat sur les Mines de potasses d'Alsace[15] dont le Conseil général était actionnaire ; il se distingua par un exposé « substantiel et clair » qui situa le problème dans une perspective historique et technique.

Comme conseiller général de Cattenom, Schuman devait être attentif aux problèmes des frontaliers en faveur desquels il fit plusieurs interventions, notamment auprès du ministère de la Défense nationale. Robert Schuman était un interlocuteur apprécié et écouté des préfets et sous-préfets. Lors du départ (février 1938) pour Paris du sous-préfet de Thionville, Roger Léonard, qui fit par la suite une brillante carrière sous la Quatrième République, ce fut Robert Schuman qui parla au nom des élus. De son allocution retenons cette phrase par laquelle il remercia Roger Léonard de « constants efforts pour sauvegarder la paix sociale, grâce à son esprit de conciliation et de compréhension dans une région où aucun malentendu ne doit troubler sa réintégration totale au sein de la France ». Schuman soulignait sa convergence entre ses préoccupations sociales et celles du sous-préfet et soulignait, ce que parfois ses adversaires mettaient en doute, son attachement total à la France.

À la session de printemps de mai 1938 Schuman intervint à plusieurs reprises. Il déplora le transfert récent à Paris[16] de la direction des chemins de fer d'Alsace et de Lorraine. Il craignait la centralisation administrative et plaida pour le maintien sur place du pouvoir de décision. Il

---

[14] ADM, rapport du préfet Marc Chevalier.
[15] Conseil général de la Moselle, 1938, p. 320-324.
[16] Conseil général de la Moselle, 1938, p. 389-390.

intervint sur l'intégration du laboratoire de bactériologie dans les services départementaux. Son fonctionnement devait être revu et contrôlé et il se préoccupa de la situation du personnel et du régime des pensions. Il fut associé à plusieurs vœux qui allaient dans le sens de ses préoccupations et de ses convictions : la dénatalité et le soutien des familles nombreuses, la défense des classes moyennes et le problème de l'antisémitisme.

Il s'opposa à Alexandre Hoffmann, conseiller général de Forbach, à propos des redevances départementales et communales[17] dues par les mines. Hoffmann souhaitait instaurer la législation française plus favorable aux communes où se trouvaient des mines de charbon. Schuman défendit le maintien de la loi locale qui avantageait le Conseil général ; il souhaitait seulement une meilleure application de la loi locale. À la suite du vote par le conseil d'une indemnité temporaire de vie chère pour deux retraités du chemin de fer sur la ligne Thionville-Mondorff, Schuman regretta qu'on ne fît rien pour les retraités des petits réseaux. La coordination des transports ferroviaires et routiers était l'une de ses préoccupations. Il protesta contre les récents décrets-lois qui permettaient de fermer des petites lignes sans consultation des instances locales qui perdaient leur pouvoir de décision. Pour construire les ouvrages de la ligne Maginot l'armée avait demandé de nombreuses expropriations de terrains. Dans certains cas, des requêtes avaient été adressées aux tribunaux et l'armée souvent mécontente des décisions de justice avait déposé de nombreux pourvois en cassation. Schuman commentait : « Voilà comment on fait attendre trois ans le règlement d'une affaire. » Et il demandait au préfet d'intervenir.

Schuman posa une question de droit à propos d'une demande de subvention de la caisse autonome de retraites des ouvriers de la cristallerie de Saint-Louis-lès-Bitche. Henri Nominé, conseiller général de Sarreguemines, appuyait cette demande avec cet argument[18] :

– Il faut que le département s'allie aux communes pour assurer à ces indigents le minimum nécessaire.

Robert Schuman : En vertu de quelle loi ?

Président Robert Sérot : La loi le permet-elle ?

Robert Schuman : Aux termes de la législation locale, il n'existe pour le Conseil général aucune obligation légale d'intervenir dans cette situation que nous déplorons tous […]. Nous savons qu'elle est le résultat d'une longue période de chômage partiel, et c'est à ce titre-là que l'État doit agir. Si aujourd'hui nous constatons une indigence que nous sommes unanimes à déplorer, nous devons dire que la question est d'ordre gouvernemental.

---

[17] Conseil général de la Moselle, 1938, p. 320-324.
[18] Conseil général de la Moselle, 1938, p. 386-388.

Schuman demanda une étude d'ensemble et la formation d'une commission pour rédiger un rapport spécial.

Après avoir remercié M. Schuman pour une « intervention extrêmement claire qui a parfaitement posé le problème », le préfet tira cette conclusion : « Dans l'ordre départemental, il ne peut être résolu. »

Schuman était un excellent collègue et il participait aux déjeuners amicaux pris traditionnellement à la chapelle du restaurant *La Ville de Lyon*. Schuman était attentif aux intérêts de son canton où il se rendait régulièrement.

Devant la menace d'une nouvelle guerre

Au cours de l'été 1938, la France et l'Europe subirent la crise tchécoslovaque déclenchée par Hitler qui revendiquait l'annexion à l'Allemagne du territoire des Sudètes peuplé d'une population de langue allemande. C'était exiger des puissances européennes au profit du Reich le démantèlement de la Tchécoslovaquie !

Schuman appartenait désormais à la majorité parlementaire qui soutenait le gouvernement présidé par Édouard Daladier auquel il avait voté la confiance. Durant les vacances parlementaires, Schuman fut très présent à Thionville et dans sa circonscription ; il assista à Thionville au défilé militaire du 14 juillet, à la distribution des prix du lycée. Puis il se rendit à Sierck aux côtés du général Giraud, gouverneur militaire de Metz, à la remise des drapeaux aux sections de gardes-frontières. Une même cérémonie eut lieu dans son canton, à Roussy-le-Village : Robert Schuman était parrain du drapeau et la marraine était Mlle Sylvie de Bertier, fille du défunt sénateur et future maire de Manon. *L'Écho de Thionville*, faisait ce commentaire : « M. Schuman qui ne manque aucune occasion de se trouver aux côtés de ses électeurs. » Durant le mois de septembre, la crise s'aggrava au point de mettre l'Europe à deux doigts de la guerre. Devant la menace, la France décida une mobilisation partielle. La conférence de Munich dont Schuman approuva les résultats[19], donna largement satisfaction à Hitler et engagea le démembrement de la Tchécoslovaquie ; elle mit fin provisoirement à l'angoisse qui s'était emparée des populations et notamment de celles de l'Est où des mesures d'évacuation avaient été préparées et – en partie – réalisées. À l'occasion des cérémonies du 11 novembre, le général Giraud revint à Thionville ; dans la cour de la caserne Chevert, Schuman assista aux côtés du gouverneur de Metz à la remise à la garde républicaine mobile d'un fanion offert par la Croix-Rouge de Thionville.

---

[19] Sur Schuman devant la crise de Munich, ROTH, François, *Robert Schuman : du Lorrain des frontières au père de l'Europe, op. cit.*, p. 190-192.

Le Conseil général ne pouvait rester à l'écart de ces événements et de leurs conséquences sur les habitants de la Moselle. À l'ouverture de la session d'automne, le 3 novembre 1938, Schuman fit voter une motion doit voici le texte :

Le Conseil général décide de mettre à profit l'interruption de sa session afin d'entrer en contact avec les conseils généraux du Bas-Rhin et du Haut-Rhin, en vue d'étudier avec eux et d'acheminer vers une solution satisfaisante les questions ci-après :

1. Affectation des 50 millions alloués aux départements recouvrés par décret-loi du 17 juin 1938 pour venir en aide à l'économie régionale ;

2. Expériences faites lors des événements de septembre en ce qui concerne la protection de la population civile de notre région ;

3. Réparation des dommages causés et redressement de la vie économique gravement menacée par ces événements mêmes ;

4. Préparation d'une coopération entre les départements du Nord-Est de la France particulièrement atteints par suite des mesures prises et de la tension internationale persistante.

Schuman expliquait le sens de cette motion : « Nous ne voulons pas faire une action isolée ; nous serons d'autant plus forts que nous serons nombreux. » Le lendemain, joignant l'acte à la parole, il se rendait à Nancy pour se concerter à ce sujet avec le président Louis Marin et le Conseil général de Meurthe-et-Moselle. *L'Écho de Thionville* commentait cette intervention : « Notre distingué député qui y représente avec éclat le canton de Cattenom, intervint avec opportunité dans les débats. »

La session avait été repoussée au 14 novembre 1938[20]. Ce jour-là, Schuman présenta un rapport sur « la mobilisation partielle de septembre 1938 », rapport déjà approuvé par les délégués des conseils généraux de l'Est réunis à Strasbourg. Ce long rapport bien informé était plus qu'un simple bilan. Ce texte est d'une importance telle que nous avons décidé de le joindre in extenso en annexe de ce livre (« Annexe 8 »). Schuman pointait les difficultés et les erreurs qu'il avait remarquées à la fin de septembre et proposait diverses solutions pour les éviter à l'avenir. Il abordait successivement six grandes questions :

1. Les incidences qu'ont eues les événements sur la vie civile dans la région frontière.

2. L'évacuation de la population civile.

3. La défense passive contre les attaques aériennes.

4. La réparation des dommages.

5. Le redressement économique de la région.

6. Les mesures militaires.

---

[20]   Conseil général de la Moselle, 1938, p. 523-558.

Les questions traitées dépassaient de très loin les compétences des conseils généraux qui, dans de nombreux domaines, ne pouvaient qu'émettre des vœux. Mais ceux-ci n'avaient pas le droit de rester en dehors. Ce rapport de Schuman qui était le fruit d'une enquête personnelle, est très intéressant par son côté concret et pratique. Il demandait d'abord aux pouvoirs publics de rembourser avec équité les dépenses et les pertes occasionnées par les réquisitions des chevaux et des véhicules automobiles. Il se montrait très attentif aux petits agriculteurs, encore nombreux en Moselle à cette époque, et pour lesquels la perte de leur cheval était un dommage considérable. Il demandait des remboursements rapides et en espèces. Il savait aussi qu'une partie importante des populations qui seraient évacuées en cas de guerre sont encore largement germanophones, que les pouvoirs publics devaient en tenir compte et qu'il fallait le faire savoir aux populations des départements d'accueil. Pour les maires, il demandait une préparation et une association étroite au processus d'évacuation. Enfin l'autorité militaire ne devrait pas les appeler immédiatement sous les drapeaux. Au-delà des détails, Schuman rappelait que pour les départements de la frontière, la solidarité nationale devait jouer en leur faveur, que le rôle de l'état était de restaurer la confiance. Enfin même s'il s'exprimait à mots couverts, Schuman semblait espérer qu'une « politique de paix et de détente internationale éviterait le retour des graves alertes qui paralysent toute activité ». Au lendemain de Munich, l'Europe vécut quelques mois de détente relative. Ce ne fut qu'un court répit et une tragique illusion. Dès le printemps 1940, le Reich allemand reprenait l'offensive, la tension internationale ne cessa de s'aggraver durant l'été, conduisant à la Seconde Guerre mondiale.

Les principales mesures concrètes proposées par Schuman furent reprises dans cinq vœux que le Conseil général approuva à l'unanimité et qui furent transmis aux autorités civiles et militaires. Nous n'avons pas eu les moyens d'apprécier tout ce qu'elles avaient vraiment retenu : les affiches bilingues, la non-mobilisation immédiate des maires des communes évacuées. Pour la préparation de l'accueil des réfugiés, ce qui se passa en septembre 1939, montra de graves disfonctionnements dans le voyage et l'installation des évacués. Pour sa part, Schuman avait été attentif aux problèmes réels et au vécu des habitants et la rédaction de ce rapport lui avait donné une compétence dont il saura, dans les mois à venir, faire le meilleur usage.

Comme à son habitude, *L'Écho de Thionville* commenta très positivement les prestations de Schuman : le « remarquable exposé sur la récente mobilisation et les enseignements qu'elle comporte ». Il releva aussi « l'exposé très complet et très clair sur le décret-loi du

17 juin 1938 qui a consacré à l'économie de la Lorraine 50 millions, à prélever sur la loterie nationale ».

Puis les jours suivants le conseil revint à ses problèmes habituels. Schuman, très attentif, intervint à de nombreuses reprises sur des thèmes très variés : la conservation des objets d'art et des antiquités détenus par des particuliers, sur les subventions aux sociétés, sur le centre anticancéreux de Thionville, sur les chemins vicinaux, sur la répartition des charges pour les aliénés. Une controverse l'opposa à un élu de gauche sur une révision des « marchés de guerre ». Cet élu trouvait que les usines allemandes séquestrées avaient été bradées lors de leur rachat au début des années 1920. Schuman qui avait rédigé sur cette question un rapport critique, montra les risques de revenir sur les « marchés » dont les bénéfices reviendraient au gouvernement allemand et que le département n'aurait rien à gagner à cette révision.

Schuman assista à la première session de 1939[21] qui se tint à la préfecture du 15 au 20 mai. Francis Liard remplaça à la vice-présidence le chanoine Ritz décédé en janvier. Schuman intervint à plusieurs reprises : sur l'application de la nouvelle législation d'assistance publique qu'il approuvait et qu'il analysa dans un remarquable rapport, sur les taxations des étrangers en cas de guerre, sur la rente alsacienne de 3 % injustement frappée de l'impôt d'État sur les valeurs mobilières, sur les modalités de fonctionnement d'une commission de taxation à laquelle participaient trois délégués du conseil. Il restait attentif au versement des indemnités dues aux propriétaires dont les terrains avaient été expropriés par l'État. Il apporta son soutien à une demande de subvention pour le service d'autobus de la ligne Waldwisse-Sierck-lès-Bains.

Les épreuves de la guerre

Le 1er septembre 1939, l'Allemagne nazie, à la suite de l'aggravation rapide de la crise polonaise qu'elle avait elle-même déclenchée, déclarait la guerre à la France et à la Grande-Bretagne. Le gouvernement décida immédiatement l'application du plan d'évacuation des populations mosellanes et alsaciennes habitant en avant et en arrière de la ligne Maginot. Une intervention de Schuman retarda l'évacuation du canton de Cattenom qui se trouvait à la frontière luxembourgeoise, évacuation qui fut reculée d'un mois et qui se déroula seulement au cours du mois d'octobre 1939. Plutôt que de rentrer en Moselle ou de rester à Paris,

---

[21]   Conseil général de la Moselle 1939, p. 62-263 et p. 352-353.

Robert Schuman[22] décida d'aller s'installer à Poitiers dans la Vienne, l'un des trois départements d'accueil prévus pour les populations mosellanes évacuées. Il était conscient des multiples difficultés auxquels les Mosellans évacués et déracinés n'allaient pas tarder à se heurter et il pensait que son rôle était de les aider à trouver des solutions pratiques.

Robert Schuman dans la région de Thionville, vers 1938. © Service départemental d'archives de la Moselle (Saint-Julien-lès-Metz), 34 J 9/10.

Dans son numéro du 19 septembre, *L'Écho de Thionville* (les villes de Thionville et de Metz n'avaient pas été évacuées) publiait un article intitulé « Chez les réfugiés mosellans » accompagné d'une rapide interview de Robert Schuman. Le journaliste le présentait par ce commentaire :

> C'est avec une particulière émotion que nous avons appris la part, toute de dévouement et de désintéressement, prise par M. Schuman député de Thionville, à l'installation de nos réfugiés dans leur provisoire patrie d'origine.

> M. Schuman est à Poitiers depuis une semaine. Il nous reçoit très simplement dans son bureau très simple, aménagé à la hâte, 8 place de la République et veut bien répondre à notre curiosité.

---

22 ROTH, François, « Robert Schuman et les évacués de la ligne Maginot », in *Les Cahiers lorrains*, n° 1-2, 2011, p. 48-61. ODENT-GUTH, Christine, *Les Évacués du pays thionvillois de septembre 1939 à novembre 1940*, Metz, Serpenoise, 2010.

Schuman répondit brièvement : 40 000 réfugiés mosellans étaient déjà dans la Vienne ; la première tranche était arrivée le 4 septembre et il s'occupait à ce jour d'installer des Mosellans dans les villages du canton de Loudun. Aucun réfugié ne restait à Poitiers, excepté les malades et les infirmes, dont 1 200 étaient arrivés de Metz. Il expliquait son rôle de cette manière : « Le centre de renseignement qui se trouve ici-même, pourvoit à l'installation dans les communes et se charge de résoudre les problèmes locaux que posent les arrivées massives. »

De temps en temps, il remontait à Paris et restait en contact avec le préfet de la Moselle, Charles Bourrat.

Du 6 au 8 novembre 1939[23], Schuman revint à Metz pour participer à la session d'automne du Conseil général qui se déroula dans une situation exceptionnelle. Schuman proposa de proroger en bloc tous les membres du bureau et tous les membres des commissions en raison des circonstances. La première question évoquée fut celle des 200 000 évacués mosellans qui se trouvaient dans des départements où la sécurité sociale n'existait pas encore et dont les ressources ne permettaient pas de prendre en charge l'assistance médicale gratuite prévue par l'État. Schuman proposa que le Conseil général fît l'avance de ces charges qui seraient ensuite récupérées sur l'État.

En tant que président de la commission des finances, Schuman fit aussi un rapport sur le budget 1940 ; il proposa la reconduction du budget de 1939 dont il prévoyait qu'il serait insuffisant si la guerre se prolongeait. L'état de guerre ne pouvait manquer de perturber le fonctionnement du conseil, en particulier celui de sa commission permanente dont des membres étaient évacués ou mobilisés. Schuman proposa la constitution d'une commission spéciale chargée de suivre auprès du préfet l'utilisation des crédits et de préparer la première session ordinaire de 1940. Il proposa enfin de prévoir des crédits pour rembourser les frais de déplacement des conseillers évacués et de ceux qui se déplaceraient pour aller visiter leurs concitoyens évacués.

Un débat s'instaura sur le coût de l'assistance aux familles allemandes internées. Qui devait le supporter ? Le Conseil général ou les communes ? Enfin rappelons que le gouvernement français avait procédé au moment de la guerre à des internements et à des assignations à résidence, notamment de plusieurs conseillers généraux suspects d'avoir entretenu avant la guerre des relations avec l'ennemi. Robert Schuman les connaissait et les fréquentait même s'il n'avait pas approuvé leurs choix. Il resta discret à leur sujet et fit une rapide allusion au « sort dramatique » de ceux qui « étaient assignés à résidence dans les départements de l'Intérieur ».

---

[23] Conseil général de la Moselle 1939, p. 340-350, p. 354-355 et p. 367-368.

À la fin de cette session de novembre 1939, Robert Schuman regagna Poitiers. De temps en temps il remontait à Paris participer aux séances de la Chambre où il présenta plusieurs rapports. Il publia aussi plusieurs articles dans les journaux sur les problèmes de l'évacuation. L'un d'eux fut reproduit in extenso dans les numéros des 19 et 20 novembre de *L'Écho de Thionville* sous le titre « Les problèmes de l'évacuation vus par M. Schuman, député de Thionville ». Il était introduit par cette phrase : « M. Schuman dont on ne dira jamais assez le dévouement inlassable au service des évacués mosellans. » *L'Écho* réduit à deux maigres pages cessa sa parution le 31 décembre 1939.

Le 21 mars 1940, Robert Schuman entrait dans le nouveau cabinet dirigé par Paul Reynaud comme sous-secrétaire d'État aux réfugiés. C'était la reconnaissance d'une compétence. Ses bureaux furent installés à l'hôtel Matignon où il était placé sous l'autorité de Camille Chautemps vice-président du Conseil. Il quitta Poitiers et s'installa à Paris où il garda le contact avec le préfet de la Moselle, Charles Bourrat[24] qu'il appelait presque tous les soirs. Fit-il un déplacement en Moselle lors de la session de printemps du Conseil général qui se tint à Metz les 6-8 mai 1940 ? Probablement non. Ce point reste à préciser.

Après le vote du 10 juillet 1940, le régime de Vichy se mit en place ; il supprima les conseils généraux dont il confia les compétences aux préfets. La Moselle fut annexée de fait au Troisième Reich. Au moins trois conseillers généraux autonomistes se rallièrent à l'Allemagne nazie. Victor Antoni[25] fut nommé *Bürgermeister* de Fénétrange. Eugène Foulé devint chef de service à la préfecture de Metz et Adolphe Straub, son adjoint. Tous les trois furent arrêtés, emprisonnés, jugés et condamnés après la Seconde Guerre mondiale.

Le gouvernement de Vichy qui n'avait pas reconnu cette annexion de fait, maintint la préfecture de la Moselle dont il transféra à partir du 1er janvier 1941 à Montauban les services dirigés par le préfet Charles Bourrat qui avait été maintenu en fonction. Dans les départements, il jugea opportun toutefois d'assister le préfet d'une commission départementale nommée[26]. L'application de la loi du 12 octobre 1940 prit du

---

[24] Charles Bourrat, 1884-1964, préfet de la Moselle, 1939-1944, arrêté par les Allemands et déporté en 1944. A publié *L'Agonie de la Moselle*, Metz, Le Lorrain, 1947.

[25] Victor Antoni a publié un plaidoyer écrit en allemand *Grenzlanschiksal, Grenzland tragik. Lebenserinnerungen...*, Sarrebrück, Funk, 1957. Antoni fut interné au camp de Queuleu puis jugé à Nancy en 1947 et condamné. Foulé fut emprisonné à Sarreguemines puis jugé et condamné.

[26] ADM 3W10, composition de la commission administrative de la Moselle : Robert Sérot, Francis Liard, maire de Dieuze, conseiller général, Albert Gérardot, conseiller général, Gabriel Hocquard, maire de Metz, Guy de Wendel, sénateur, qui résidait à Vichy à l'hôtel des ambassadeurs, Paul Harter, député-maire de Forbach, Émile

temps et, après plusieurs mois d'atermoiements et de consultations, celle de la Moselle fut constituée et publiée par un arrêté du 9 avril 1941. Elle comprenait huit membres dont sept conseillers généraux. En tête venait Robert Sérot, député et président du Conseil général qui avait été nommé conseiller national. Il avait établi son domicile à Vichy, 12 rue de la Compagnie. Nous ignorons si cette commission se réunit souvent. En tout cas Robert Sérot venait souvent à Montauban pour conférer avec le préfet Bourrat dont il était un conseiller écouté.

Après son évasion réussie du Palatinat, Robert Schuman[27] s'était établi à partir du 15 août 1942 à Lyon où on lui avait procuré une modeste chambre ; il avait rapidement repris contact avec les responsables politiques et les autorités civiles et religieuses de la Moselle. Par une lettre du 24 octobre 1942, le préfet Charles Bourrat proposa au ministre de l'adjoindre à la commission administrative. Il justifiait sa demande en ces termes[28] : « Cette proposition m'est dictée par la personnalité et la compétence de M. Schuman qui a toujours occupé une place prépondérante au sein de l'assemblée départementale par sa connaissance des intérêts particuliers des populations mosellanes. » Nous ignorons quelle suite fut donnée à cette demande. En tout cas, l'occupation de la zone libre par la Wehrmacht survint le 8 novembre 1942. Robert Schuman passa dans la clandestinité. La proposition du préfet Bourrat n'était plus d'actualité.

Peter, député-maire de Sarrebourg, conseiller général. Cette commission fut remplacée par le conseil départemental par la loi du 7 août 1942.

[27] ROTH, François, *Robert Schuman : du Lorrain des frontières au père de l'Europe*, *op. cit.*, p. 253-260.

[28] ADM 3W 1, lettre du préfet Bourrat au gouvernement, 24 octobre 1942.

CHAPITRE 3

Un second mandat sacrifié
aux responsabilités nationales, 1945-1949

La Moselle fut l'un des départements français les plus éprouvés par la guerre. Sa libération avait été tardive et les destructions nombreuses, surtout dans l'est du département. Il fallut réinstaller et réorganiser tous les services et les instances départementales. Le Conseil général de la Moselle fut élu les 23 et 30 septembre 1945. Il tint sa première session à la préfecture de la Moselle en présence du préfet Louis Tuaillon. Parmi les multiples problèmes en suspens dominait celui du retour, de la réinstallation des milliers de Mosellans évacués, expulsés, déportés, etc. Beaucoup avaient été spoliés, avaient tout perdu ou presque ; il fallait les indemniser. On comptait environ 100 000 sinistrés répartis sur plus de 600 communes. L'agriculture était dévastée, les mines et l'industrie commençaient à redémarrer avec beaucoup de difficultés ; les routes les ponts et les ouvrages d'art étaient dans un triste état. Dans cette reconstruction qui s'étendit sur plusieurs années, le Conseil général prit toute sa part.

Un nouveau Conseil général

Les élections au Conseil général furent fixées aux 23 et 30 septembre 1945, après les élections municipales du mois de mai et avant les élections législatives du mois d'octobre.

Il faut d'abord dire quelques mots de la situation personnelle de Robert Schuman[1] en 1945. Elle était assez inconfortable. À son retour à Metz et en Moselle, il était inéligible et frappé d'indignité nationale en raison de son vote du 10 juillet 1940. Il dépensa beaucoup de temps et d'énergie pour se faire relever de cette sanction. Pendant ces mois difficiles, Robert Schuman s'occupa à Metz, avec Robert Sérot du Comité national de coordination des œuvres d'entraide des expulsés, réfugiés et déportés. Les choses n'allèrent pas aussi vite qu'il l'avait espéré. Ce fut seulement le 6 septembre 1945 qu'un jury d'honneur le releva de l'indignité nationale. Il pouvait de nouveau se présenter aux élections. Les élections cantonales du 23 septembre 1945 étaient pour

---

[1] ROTH, François, *Robert Schuman, op. cit.*, p. 274-282.

lui un premier test. Un succès serait un encouragement à revenir sur le devant de la scène. Sous quelle étiquette ? Depuis plusieurs mois, Schuman réfléchissait et hésitait ; on le pressait d'entrer au Mouvement républicain populaire (MRP) ; il eut plusieurs entretiens avec René Lejeune[2], le jeune secrétaire de la fédération mosellane du MRP, qui devint plus tard son ami et enfin son biographe. Finalement il décida de reconstituer un parti départemental qu'il appela le Rassemblement démocratique mosellan (RDM[3]) et dont il annonça au début de septembre 1945 la fondation et publia le manifeste dans *Le Lorrain*.

Photo de l'assemblée départementale après le renouvellement de 1945, 1947. Robert Schuman est au premier rang, 4e en partant de la gauche. © Médiathèque de Metz (fonds Mutelet).

Le premier tour eut lieu le 23 septembre 1945. Dans le canton de Cattenom deux candidats seulement se présentaient, ceux du second tour de 1937 : Robert Schuman, conseiller sortant et le socialiste Nicolas Schuler, un syndicaliste et conseiller municipal de Volmerange-lès-Mines. Avec le vote des femmes le corps électoral avait doublé. Nous ne savons rien de la campagne des deux candidats. Schuman se présentait sous l'étiquette de la formation qu'il venait de fonder, le RDM. Dans les cantons voisins (Sierck, Metzervisse, Hayange et dans l'est mosellan), plusieurs candidats avaient adopté cette étiquette. Le sous-préfet de

---

[2]   René Lejeune, décédé en 2008, a été toute sa vie un militant chrétien ; il est le fondateur de l'Institut Saint Benoît pour l'Europe et a publié deux livres sur Robert Schuman dont le dernier a pour titre *Robert Schuman, père de l'Europe, 1886-1963 : la politique, chemin de la sainteté*, Paris, Fayard, 2000.

[3]   Sur cette formation politique éphémère, REY, Aurélie, *op. cit.*, p. 171-172.

Thionville[4] qui annonçait le 19 septembre : « un résultat favorable pour M. Schuman semble pouvoir être envisagé au premier tour », relevait trois atouts en sa faveur : « une grande influence dans les milieux ruraux », « le soutien unanime du clergé catholique » et l'absence de « candidat appuyé par les groupements de résistance ». Si *Le Messin* et *Le Républicain lorrain* se contentaient de signaler la candidature Schuman, *Le Lorrain*[5] annonçait : « La réélection de notre ami Schuman ne peut faire aucun doute et ses électeurs voteront en bloc pour lui. » Le soir du 23 septembre, Robert Schuman était réélu conseiller général de Cattenom contre le candidat socialiste ; il passait au premier tour cette fois, avec une majorité supérieure à celle de 1937. 25 sièges sur 36 furent pourvus. En Moselle, la poussée à gauche était limitée : le docteur Léon Burger[6], résistant et déporté, qui se représentait avec le programme du Conseil national de la Résistance (CNR), battait dans le canton de Metz I le docteur Robert Wolff soutenu par la municipalité Hocquard ; c'était une belle revanche sur sa défaite de 1937 ; un instituteur socialiste Édouard Waghemacker[7] était élu à Forbach en remplacement d'Alexandre Hoffmann décédé en déportation. Le président Robert Sérot et de nombreux anciens dont Jules Wolff et Édouard Corbedaine[8], retrouvaient aisément leurs sièges de conseiller général.

Résultats du canton de Cattenom, 23 septembre 1945

Inscrits	6 566
Votants	5 552
Exprimés	5 272
Robert Schuman, RDM	2 938 voix **élu**
Nicolas Schuller, SFIO	2 329 voix

Le second tour fut plus favorable à la gauche : élection de trois communistes, François Rubeck, maire de Mondelange à Hayange qui

---

[4] ADM 1330 W 191, 19 W 17 et 26, 76W 712-717.

[5] *Le Lorrain*, 21 septembre 1945.

[6] Léon Burger, 1898-1988. Léon Burger : 1 474 voix, élu, Robert Wolff : 1 328. Léon Burger a publié un livre très informé sur le Groupe Mario, groupe de résistance fondé et dirigé par son frère Jean Burger. La liste municipale d'« Entente communale » conduite par le maire sortant Gabriel Hocquard avait été réélue tout entière le 24 septembre 1945. Paul Durand, rédacteur en chef du *Lorrain* devenait troisième adjoint.

[7] Le travail dactylographié d'Aurélie Rey, *L'Évolution des forces politiques en Moselle de 1945 à 1981*, thèse de doctorat, Metz, Université Paul Verlaine, 2008, apporte beaucoup d'éléments sur les partis politiques, leurs militants et leurs élus.

[8] Édouard Corbedaine, 1879-1950, maire de Thicourt, sénateur de la Moselle, 1934-1940. Dans *Dictionnaire des parlementaires lorrains de la Troisième République, op. cit.*, p. 281-282,

éliminait le sortant Émile Béron dont le sous-préfet pensait qu'il « avait de fortes chances de passer au premier tour », élection d'Auguste Waroquy à Moyeuvre-Grande, élection d'Adrien Scholer à Metz-campagne, réélection à Saint-Avold de Pierre Muller, communiste et déporté. Le socialiste Edmond Psaume, un instituteur et secrétaire fédéral de la SFIO, créait la surprise à Gorze écartait Paul Driant[9], agriculteur et maire de Gravelotte qui s'était seulement présenté au second tour. Au total, 12 anciens étaient réélus. Les nouveaux élus étaient au nombre de 24 ; trois prêtres entraient au Conseil général : les abbés François Goldschmitt[10] à Sarralbe, curé de Rech et déporté, Guillaume Schaul à Rohrbach-lès-Bitche et Jean-Pierre Weber, déjà sortant avant la guerre à Volmunster. *Le Lorrain* ne versait pas de larmes sur l'échec du député Alex Wiltzer[11] à Boulay et se réjouissait que les cantons de Fénétrange, Sarralbe, Grostenquin et Phalsbourg représentés jusqu'en 1940 par des autonomistes[12], « passent dans le camp des nationaux ».

Les résultats nationaux traduisirent une sensible poussée de la gauche communiste et socialiste qui gagnait de nombreux sièges. En Moselle et dans les autres départements lorrains, cette tendance était moins marquée. La majorité départementale restait très fortement marquée à droite. Beaucoup d'élus étaient sans étiquette. Six d'entre eux avaient été élus sous l'étiquette de Schuman, celle du RDM ; la plupart se reclassèrent ensuite au MRP.

---

9   Paul Driant, 1909-1980, fut élu conseiller général d'Ars-sur-Moselle en 1949 ; il entra au conseil de la République sous l'étiquette RPF en 1948 puis siégea au Sénat jusqu'en 1974 ; il fut élu président du Conseil général après le décès de Robert Sérot le 10 mai 1954. Constamment réélu jusqu'en 1979. La brochure du Conseil général *25 ans de présidence de Paul Driant*, Metz, 1978.

10   François Goldschmitt, curé de Rech, 1883-1966. HIEGEL, Henri, SERPE, Louis, « François Goldschmitt, son combat singulier de prêtre et de Lorrain, 1883-1966 », in *Le Pays d'Albe*, n° 24, 1993.

11   Alexis Wiltzer, dit Alex, 1903-1982, député de la Moselle, 1932-1940, a siégé à Alger à l'Assemblée consultative. Notice dans *Dictionnaire des parlementaires lorrains de la Troisième République*, *op. cit.*, p. 317-318. Après 1945 se retira de la vie politique. *Le Lorrain*, 25 mai 1946. Ceux-ci avaient été arrêtés en attendant leur procès. Victor Antoni était interné à Queuleu, Eugène Foulé incarcéré à Sarreguemines.

12   Plusieurs de ces candidats furent battus comme Nicolas Bemer, maire de Metzervisse qui était resté durant l'annexion de fait. Parmi les échecs relevons celui d'Henri Léonard, maire de Thionville depuis 1933, expulsé en 1940. Dans le canton de Sierck, Georges Ditsch était patronné par Schuman : « Son élection paraît assurée », notait le sous-préfet ; il fut effectivement élu. René Jager, 1909-1983, journaliste au *Lorrain* jusqu'en 1940, conseiller général de Fénétrange à partir de 1945, sénateur MRP puis Centre démocrate-Centre des démocrates sociaux (CD-CDS) de la Moselle, 1959-1983.

Pour les élections législatives du 21 octobre 1945, Schuman négocia avec le MRP une liste commune. Cette liste d'« Entente républicaine et démocratique[13] » qu'il conduisait, eut quatre élus dont Robert Schuman et Robert Sérot. Après cet éclatant succès, les négociations se poursuivirent : Schuman annonça le 8 novembre 1945 son adhésion au groupe parlementaire du MRP et les 1er et 2 décembre se tenait à Metz le premier congrès départemental du MRP[14] dont le député Schuman fut élu président.

Le travail du député Schuman au Conseil général, octobre 1945-juin 1946

Le 29 octobre 1945, la session d'automne ordinaire du Conseil général s'ouvrit à la préfecture sous la présidence du doyen d'âge, Jules Wolff, conseiller général de Vic-sur-Seille et ancien sénateur.

La liste de Robert Schuman qui était aussi candidat à l'Assemblée nationale constituante dont l'élection avait eu lieu le 21 octobre, était arrivée largement en tête et avait obtenu quatre élus sur sept dont le président Robert Sérot. Quatre arrondissements de la Moselle avaient donné la majorité absolue à la liste Schuman. C'était donc un Robert Schuman confirmé dans sa légitimité par les électeurs de tout le département qui retrouvait l'assemblée départementale où il participa activement aux quatre jours de la session. Celle-ci commença par la formation du bureau[15]. La gauche présenta à la présidence la candidature du docteur Léon Burger qui avait été élu par le canton de Metz I, qui avait été déporté et dont le frère Jean Burger, un instituteur communiste et résistant avait péri au camp de concentration de Dora. Dans l'assemblée, des voix fusèrent : « Sérot ! Sérot ! » Celui-ci répondit qu'il se tenait à la disposition de l'assemblée. Il fut élu président au premier tour par 20 voix contre 10 à Léon Burger et 5 voix dispersées sur des isolés. Robert Schuman en avait obtenu une. Pour l'élection des deux vice-présidents, le scrutin fut plus serré. La gauche présenta de nouveau Léon Burger. Le communiste François Rubeck rappela son engagement anti-fasciste d'avant-guerre et ses années de déportation. La majorité départementale soutint Jules Wolff et Francis Liard qui avait été réélu maire de Dieuze. Chacun d'eux obtint 21 voix au premier tour ; un bulletin porta à contestation et il fallut organiser un second tour qui donna dans l'ordre les résultats suivants : Jules Wolff, 21 voix, Francis Liard, 20 voix, Léon Burger, 17 voix. Les deux premiers étaient élus

---

[13] DIWO, Gérard, *Les Forces politiques en Moselle (21 octobre 1945-17 juin 1951)*, thèse de doctorat, Metz, Université Paul Verlaine, 1992, et REY, Aurélie, *op. cit.*

[14] Sur le MRP mosellan, REY, Aurélie, *op. cit.*, p. 158-210.

[15] Conseil général de la Moselle, 1945. *Le Lorrain*, 30 octobre-4 novembre 1945.

vice-présidents ; c'était la continuité avec l'avant-guerre. Cette continuité se prolongea avec l'élection des présidents des quatre commissions qui furent choisis encore parmi les anciens conseillers. Ses collègues firent entrer Robert Schuman à la commission des finances dont il laissa la présidence à Francis Liard. Le bureau élu, le Conseil général aborda l'ordre du jour sous la présidence de Robert Sérot. En mars 1948, dans un souci de conciliation, la majorité départementale accepta que Léon Burger qui participait activement aux travaux du conseil, fût élu troisième vice-président.

Avant de se rendre à Paris à l'ouverture de la session parlementaire, Schuman participa activement aux travaux du Conseil général. Devant ses collègues, il présenta deux rapports[16], le premier sur les emprunts départementaux et la reprise du paiement des intérêts de la dette et un second sur le nouveau régime des impôts directs. Le cas de l'emprunt départemental 4 % (1909) dont le remboursement des obligations par tirage annuel s'achevait en 1956, était un cas particulier car l'Administration allemande avait opéré un remboursement anticipé des obligations appartenant à des ressortissants allemands et à ceux considérés alors comme tels ; il restait un solde de 1 million, 399 250 francs dont Schuman proposa le remboursement immédiat, solution que le préfet approuva et fit inscrire au budget 1945. Pour les autres emprunts départementaux antérieurs à 1940, les autorités allemandes avaient suspendu le paiement des annuités car beaucoup de titres appartenaient à des établissements français dont le Crédit foncier. Schuman demanda de mandater les annuités échues sur le budget supplémentaire de 1945, solution acceptée par le préfet.

Le 1er janvier 1946 était prévu l'entrée en vigueur d'un nouveau régime d'impôts locaux. Schuman fut chargé par ses collègues de leur présenter l'ordonnance du 19 octobre 1945[17] qui comprenait 125 articles. Ces dispositions fiscales nouvelles prévoyaient le remplacement de l'impôt local sur les salaires, traitements et capitaux par des taxes foncières sur les propriétés bâties et non bâties, une taxe d'habitation sur la valeur locative réelle et la patente. Il s'agissait de trouver en chiffres ronds 250 millions de francs. Robert Schuman qui ne regrettait pas les impôts antérieurs, protesta contre l'expérimentation imposée aux deux départements alsaciens et à la Moselle ; en l'absence d'instruction

---

16   Conseil général de la Moselle, 1945, vœu n° 69, p. 346-348.

17   Conseil général de la Moselle, 1945, p. 299, p. 309, p. 319-323. L'article documenté de Charles Hiegel, « La répression de la collaboration et l'épuration en Moselle. Bilan statistique », in *Les Cahiers Lorrains*, n° 4, 1983, p. 335-369. Outre Queuleu, deux camps d'internés administratifs avaient été ouverts à Suzange (commune de Serémange) et à Marienau-lès-Rohrbach. Des Mosellans et des Allemands furent aussi internés administratifs au camp d'Écrouves (Meurthe-et-Moselle).

d'application, il jugeait impossible de prévoir le rapport de ces nouvelles taxes et demanda au préfet de préciser la nature de la contribution de l'État. En raison des dépenses liées aux conséquences de la guerre, le budget départemental de 1945 affichait un déficit de 271 millions de francs : les dépenses avaient presque triplé avec 318 millions de francs alors que les recettes étaient demeurées à 127 millions. L'état avait couvert par une subvention le déficit de cette année exceptionnelle. Qu'en serait-il pour le budget 1946 ? L'État verserait-il encore une subvention ou consentirait-il seulement une avance qu'il faudrait ensuite rembourser ?

Robert Schuman intervint aussi sur des questions de procédure, sur les méthodes de travail du conseil et demanda de renvoyer des vœux aux commissions compétentes.

Robert Schuman n'éluda pas les questions délicates comme celle de l'épuration politique et économique[18] ; il déplora la lenteur de la justice car on lui avait signalé des centaines de cas « où après six mois d'internement, il n'a pas été procédé à un premier interrogatoire ». Il regretta des jugements sévères mais pas excessifs ; il regretta aussi les internements effectués sur simple dénonciation et qui « avaient touché à l'honneur des intéressés et de leurs familles. On a très souvent méconnu le principe qui veut que personne ne soit privé de sa liberté sans un commencement de preuve ». Il déplorait aussi les lenteurs de la procédure et l'envoi de certains dossiers à Paris. À propos de l'épuration des instituteurs et institutrices (environ 200 d'entre eux avaient été suspendus) dont un collègue socialiste trouvait qu'elle avait été insuffisante, Schuman pensait qu'il ne fallait pas se laisser conduire par des rumeurs, qu'il faudrait aller, pour étayer les accusations, jusqu'aux dossiers de la Gestapo « pas faciles à retrouver ». Il estimait aussi que dans l'enseignement, l'épuration n'avait pas été négligée ; il était opportun de ne pas aller plus loin. Il resta discret sur les conditions de détention au centre d'internement de Queuleu, l'ancien camp nazi, « un douloureux sujet ».

Une question délicate et qui, de temps à autre, est encore évoquée, était celui du maintien du Concordat et des lois scolaires en Alsace-Lorraine. Elle ne relevait pas de la compétence du Conseil général mais celui-ci pouvait formuler des vœux sur ce sujet. Un conseiller général socialiste, Edmond Psaume, avait déposé un vœu[19] demandant « l'introduction intégrale des lois françaises en Moselle ». Dans son texte, Psaume avait, à propos du régime scolaire, employé l'expression de « régime d'oppression alors qu'il faudrait la liberté de conscience ».

---

[18] Conseil général de la Moselle, 1946, p. 246 ; le 11 juin 1946, p. 352-353. ROTH, François, *Le Temps des journaux, op. cit.*

[19] Conseil général de la Moselle, 1947, p. 256-257.

Robert Schuman commença par rappeler qu'entre 1919 et 1939, il avait travaillé au parlement et à la commission d'Alsace-Lorraine à l'« unification ». Il se prononçait pour sa part pour le statu quo dans la question scolaire. Il avançait plusieurs arguments : le patriotisme des populations passées par l'école confessionnelle. Il récusait le mot « oppression ». Il était partisan de la liberté de « chacun par principe et par conviction ». Aucun enfant ne doit être lésé dans sa conscience, telle qu'elle se forme dans le milieu familial. La subvention versée à l'école normale protestante de Strasbourg était un moyen d'assurer la liberté de conscience. Puis Robert Schuman élargit le débat : il n'avait jamais songé imposer le régime scolaire de l'Alsace-Moselle au reste de la France ; « Il faudrait trouver une troisième voie car il pensait que l'affrontement des deux écoles à l'intérieur n'était pas la meilleure solution ». Il affirmait :

> Nous voulons que notre pays, qui est arrivé à résoudre tant de problèmes et à servir d'exemple dans tant de domaines, puisse enfin, à la suite d'autres pays limitrophes, réussir à faire la paix autour de l'école, autour de l'enfant, et trouve une solution qui soit vraiment définitive, dans la paix, dans la concorde, pour la justice et pour le progrès.

Schuman concluait son intervention par ces mots : « Sur la conclusion pratique à laquelle nous voulons aboutir, nous pouvons nous mettre d'accord [...]. Nous voulons tous, nous avons tous affirmé que nous voulons la même chose, c'est-à-dire l'unification des lois et des institutions pour l'ensemble de la France. » Il donnait comme exemple de ce progrès le régime fiscal : « Nous avons maintenant l'unification mais elle nous cause encore à l'heure actuelle des appréhensions sérieuses. » Des « retouches » seront sans doute nécessaires. Il rappelait que ces lois locales n'étaient pas toutes des lois allemandes, que certaines d'entre elles qui étaient d'origine française, avaient été maintenues en vigueur après 1918 ; il fallait progresser dans la voie de l'intégration. Selon quel rythme ? Selon quelles modalités ? Toute la difficulté était là. Sur les questions qu'il venait d'aborder, il pensait que les temps n'étaient pas encore venus. Après cette intervention conciliante, le vœu présenté par Psaume fut adopté par le conseil « en accord unanime ».

Jusqu'à la Seconde Guerre mondiale, la presse de langue allemande[20] conservait une place importante en Moselle. Après les quatre années de tyrannie nazie qui avaient entre autres imposé la langue allemande, fallait-il interdire la langue allemande dans la presse ? Certains en étaient partisans. Schuman était hostile à une mesure aussi radicale car beaucoup de ses électeurs étaient des germanophones. Il fallait

---

[20] Conseil général de la Moselle, 1947, p. 46 et p. 283, avril 1947, p. 319-320.

s'adresser à eux en leur langue. Après la parution de l'ordonnance du 10 septembre 1945 qui autorisait les journaux bilingues, il favorisa la reprise de la *Lothringer Zeitung*. Son directeur, le chanoine Jean-Jacques Valentiny, qui était resté à Metz comme curé de Queuleu pendant l'annexion de fait, avait avant la guerre toléré des autonomistes dans la rédaction de ce quotidien ; il dut se résigner à abandonner la direction du quotidien catholique bilingue de la rue Mazelle. Schuman favorisa sa reprise et sa transformation par son ami René Jager qui venait d'être élu conseiller général de Fénétrange et dont la conduite durant la guerre avait été irréprochable. Schuman appuya le vœu du conseil qui réclamait « la liberté de presse aussi bien pour les journaux de langue française que pour ceux de langue allemande ». Il déplora aussi que l'attribution du papier-journal ait « limité arbitrairement les tirages ».

À la lecture des comptes rendus, on se rend compte de la multiplicité des interventions de Schuman : le logement du corps enseignant le 2 novembre, l'échange des marks en possession ou déposés par les déportés le 3 novembre, le problème des transportés en Silésie (les déportés non internés), les centres d'insémination artificielle animale.

Le 4 novembre 1945, Schuman prenait le train de Paris pour participer à l'ouverture de la session de l'Assemblée nationale constituante. Nous renvoyons les lecteurs à notre biographie de Robert Schuman. Rappelons que Schuman fut élu président de la commission des finances de l'Assemblée, qu'il se prononça pour le « non » lors du référendum sur le premier projet de constitution, projet rejeté à une large majorité par la Moselle (168 007 non, 84 766 oui). Lors de l'élection de la seconde Assemblée constituante en juin 1946, il conduisit la liste du MRP qui obtint quatre élus sur sept. De très loin, il devançait la liste du Parti républicain de la liberté (PRL) conduite par le général Giraud, ancien gouverneur militaire de Metz. Dans un article intitulé, « Schuman ou Giraud », le *Lorrain* n'avait pas caché ses préférences en faveur du premier !

Robert Schuman participa activement à la session extraordinaire du Conseil général qui se tint du 12 au 17 juin 1946. Il intervint sur de nombreux sujets dont les questions financières. Sa fonction de président de la commission des finances de l'Assemblée nationale lui conférait de l'autorité sur ses collègues. Il évoqua avec humour le cas de quelques sinistrés qui avaient déjà touché de l'Administration allemande et qui avaient fait une nouvelle demande à l'Administration française. Voici le 11 juin son dialogue avec son collègue et ami René Jager :

M. Jager : L'un de mes collègues vient de me dire que...

M. Schuman : J'ajoute que ce collègue est un curé à qui on a fait une confession [rires].

M. Jager : Il est regrettable que tous nos collègues ne soient pas des curés [nouveaux rires].

Un peu plus tard Robert Schuman déposa un vœu sur la mise en œuvre du régime de Sécurité sociale pour critiquer les modalités de « désignation aux commissions faites sans avoir tenu compte de l'importance de nos différentes organisations syndicales ». C'était une critique voilée de la CGT. Schuman constatait qu'il y avait eu des élections sociales et il demandait « qu'on s'en tienne provisoirement à cette indication ».

À la suite de cette intervention, son collègue socialiste Psaume fit cette remarque : « Je suis presque d'accord avec le vœu de M. Schuman. » Robert Schuman lui répondit : « Ce n'est pas la première fois [sourires] ! »

En 1947 et 1948, le gouvernement dont celui de Robert Schuman en novembre-décembre 1947, dut faire face à de puissants mouvements de grève organisés par la CGT et le parti communiste. Ces grèves furent d'ailleurs moins importantes dans les mines mosellanes que dans le bassin du Nord-Pas-de-Calais. Dans la phase de répression qui suivit, le gouvernement décida l'expulsion de mineurs étrangers pour fait de grève. En Moselle, le docteur Burger fut saisi d'un cas d'expulsion d'un mineur yougoslave qui avait été déporté pour avoir combattu les nazis. Il le signala au Conseil général. Son collègue Waghemacker lança « un appel à la clémence de M. le préfet dans des cas comme celui que vient de signaler le docteur Burger ». Robert Schuman intervint en ces termes[21] :

M. Waghemaker m'a devancé ; il montre la bonne voie. Nous ne pouvons pas condamner en bloc toutes les mesures en nous prononçant contre leur principe même mais nous pouvons demander qu'une mesure administrative individuelle soit rapportée après un examen nouveau.

Nous n'avons pu retrouver le résultat de cette proposition et dire si le préfet avait été sensible à ces demandes et à la solution proposée. Schuman savait souvent faire preuve d'un réel esprit de conciliation.

À cette session, Schuman intervint encore sur le fonctionnement du conseil et proposa de modifier le nombre et l'attribution des commissions, sur la façon de traiter les dossiers de la reconstruction, sur les méthodes de travail. Il se prononça en faveur de l'attribution d'une subvention au foyer « Carrefour » et discuta des subventions aux sinistrés et aux expulsés. Il s'intéressa aux questions sanitaires et notamment à la lutte contre ce fléau que demeurait encore à cette époque la tuberculose.

---

[21] Conseil général de la Moselle deuxième session extraordinaire, 1948, p. 4.

Portrait de Robert Schuman, ministre des Finances, 1946. © Fonds de la Maison de Robert Schuman (Scy-Chazelles).

Un ministre des Finances très occupé

Le 24 juin 1946, Robert Schuman entrait au gouvernement présidé par Georges Bidault comme ministre des Finances. C'était le début de sa grande carrière gouvernementale. Puis Robert Schuman occupa successivement les fonctions de président du Conseil puis de ministre des Affaires étrangères. Le Conseil général de la Moselle passait à l'arrière-plan de ses préoccupations. Toutefois il ne l'a jamais abandonné bien qu'il fût souvent excusé. À chaque fois que ses obligations ministérielles le permettaient, il se déplaçait à Metz et participait aux séances et intervenait.

À la session de novembre 1946 qui dura trois jours, le ministre fut excusé les 14 et 16 novembre. Jules Wolff lui souhaita « dans l'écrasante tâche qu'il assume avec le succès que mérite son travail acharné, sa puissante intelligence et, par-dessus tout, sa belle conscience ». Le 15 novembre, le ministre intervint sur les récentes inondations et renvoya pour le remboursement des dégâts causés sur les crédits du ministère de l'Agriculture qui en avait été doté. Il fit une intervention sur les potasses d'Alsace dont le conseil possédait des actions et qui malheureusement ne procuraient plus de bénéfices. Il appuya le vœu du docteur Muller concernant le maintien de la gare frontière et douanière à Thionville et demanda de renoncer à son transfert à Bettembourg. Et il s'inquiétait des mesures « prises de façon plus ou moins occultes et ce n'est que par des indiscrétions que les intéressés sont mis au courant ». Lors d'un débat sur les pertes de bétail subies par les agriculteurs qui pouvaient être compensées par une subvention de l'État, Schuman intervint :

M. Ditsch : Pour le moment nous ne pouvons en disposer. Il y a une question de droit à résoudre.

M. Le Préfet : Essayons toujours de les toucher.

M. Robert Schuman : Nous nous préoccuperons ensuite de leur affectation.

À la troisième session extraordinaire du 9 décembre, le ministre des Finances ne participa qu'à la séance du matin ; il donna son avis sur plusieurs vœux très variés : la détaxation des carburants agricoles, l'élaboration d'un traité de réciprocité entre la France et les pays voisins pour les dommages de guerre, le retard du salaire des cantonniers et le régime des brûleries pour la distillation des alcools.

À la session ordinaire du 28 avril 1947, Robert Schuman intervint sur deux sujets qui lui tenaient à cœur. Il annonça la parution de la liste des communes évacuées en 1939, 1940 et 1944 qui bénéficieront de la loi du 24 octobre 1946 sur les dommages de guerre. Il fit surtout devant ses collègues un remarquable exposé sur les impôts départementaux et communaux[22]. Il rappela ses critiques de la fiscalité antérieure qui surchargeait les salariés. Il estima que l'expérimentation commencée en 1945 dans les trois départements devait être poursuivie avant son extension à toute la France. Le nouveau système était fondé sur la valeur du logement (taxe d'habitation), les locaux professionnels (patente) et le nombre de salariés. Les salariés y gagnaient mais la patente pouvait être trop lourde pour un département sinistré et la propriété bâtie risquait d'être surchargée. Il rappelait le principe qui avait guidé le législateur : « Cette répartition doit être proportionnelle à l'importance et à la faculté contributive de chaque catégorie. C'est un arbitrage qui est délicat […]. Notre but est d'arriver à une égalité de traitement et de législation. » Il approuva le lancement d'un emprunt départemental pour la reconstruction.

À la session suivante de mois de mai, le ministre fut excusé. Le 15 septembre, il était retenu par une conférence internationale.

---

[22] Conseil général de la Moselle, mai 1948, p. 155, p. 281-283, p. 55.

Lancement de l'emprunt mosellan pour la reconstruction. De gauche à droite : Raymond Mondon, maire de Metz ; Robert Sérot, président du Conseil général ; Robert Schuman, ministre des Finances ; Louis Périllier, préfet de la Moselle, devant le monument aux morts, Metz, 26 octobre 1947 © Service départemental d'archives de la Moselle (Saint-Julien-lès-Metz), 36 J 8/5.

Le président du Conseil, 22 novembre 1947-17 juillet 1948

Le 22 novembre 1947, Robert Schuman était devenu président du Conseil à la tête d'un ministère dit de Troisième Force qui naviguait avec difficulté entre un parti communiste offensif et un Rassemblement du peuple français (RPF) en plein essor. Lors des premières semaines, il dut faire face à un mouvement de grève déclenché par la CGT d'une ampleur et d'une détermination exceptionnelle. Il fut excusé à la plupart des séances du Conseil général. Il intervint à deux reprises le 5 janvier 1948 sur les tâches de l'architecte départemental. Le 19 janvier 1948 il vint à Metz participer à la session et fut accueilli en ces termes par le président Robert Sérot :

[…] C'est au nom de la France qu'il parle et qu'il agit maintenant […]. Nous plaçons notre espoir dans sa sincérité, dans la rigueur de son honnêteté dans son esprit de justice et dans sa volonté de restaurer la France au premier rang des nations éprises de liberté et de fraternité humaine […]. Nous lui sommes reconnaissants d'avoir distrait quelques heures de ses occupations écrasantes pour reprendre sa place au Conseil général et nous apporter le précieux concours de ses avis.

Le procès-verbal notait : « Les conseillers debout applaudissent longuement M. Robert Schuman. »

Il était présent le 4 mars, excusé le 10 mai et participa à la séance du 18 mai où il intervint sur l'utilisation de l'emprunt départemental pour la reconstruction des routes et chemins départementaux ainsi que sur les dommages de guerre. Il fut excusé pour les séances des 19 et 20 mai. Il déplora l'insuffisance du standard téléphonique de la préfecture et approuva l'installation d'un poste téléphonique dans les bureaux des chefs de division.

À cette date un décret créa la fonction d'inspecteur général de l'Administration connu plus tard sous le nom IGAME. Le préfet de la Moselle, Louis Périllier, fut nommé inspecteur général de l'Administration de la Région de l'Est. Ce fut le premier IGAME. Personne ne prêta alors d'attention à ce décret et à cette fonction devenue par la suite celle de préfet de région.

Robert Schuman appuya un vœu du conseiller communiste Waroquy sur la pollution de l'Orne en ces termes : « Il est de notre devoir de veiller à la sauvegarde de cette partie importante de nos ressources locales. » À cette occasion, il se livra à un éloge inattendu des pêcheurs à la ligne alors qu'il ne l'était pas lui-même : « J'éprouve beaucoup de sympathie pour les pêcheurs à la ligne ; ce sont des sages et ils ont quelquefois des affinités avec les hommes politiques qui très souvent sont eux-mêmes pêcheurs à la ligne [sourires]. »

Le ministre des Affaires étrangères, 26 juillet 1948-janvier 1953

Devenu ministre des Affaires étrangères, le 26 juillet 1948, Robert Schuman fut excusé aux séances des 21 septembre et 6 décembre 1948. Il fut présent les 13 et 14 décembre 1948 et participa très activement aux travaux de l'assemblée départementale. Il était de nouveau absent le 15 décembre.

Parmi ses interventions dans les débats, relevons un exposé sur les conditions d'attribution des fonds du comité d'aménagement au logement (CODAL). Puis, à l'occasion d'un vœu sur l'application en Moselle des avantages accordées aux populations de la Sarre, Robert Schuman fit une remarquable intervention sur les problèmes de la reconstruction en Sarre ; il donna son avis sur la couverture de la maison maternelle de Plappeville, sur la pêche fluviale et la pollution des rivières. Une polémique courtoise l'opposa à des vœux des élus communistes sur la « violation du droit d'asile et l'expulsion des travailleurs étrangers », sur le paiement des allocations familiales aux mineurs grévistes, sur le rôle des délégués mineurs à la sécurité et sur leur accès à la mine en cas de grève. Robert Schuman rappela que la loi devait être respectée laquelle prévoyait le paiement des allocations familiales si l'ouvrier avait au moins travaillé dix-huit jours. Or, le conflit entre les syndicats et la direction portait sur la date de la fin de la grève. Parfois ses réparties ne manquaient pas d'humour comme le montrait sa réaction spontanée à l'intervention de soutien du conseiller socialiste Waghemacker : « [...] Si un délégué est en prison ce qui arrive souvent [rires]. Attendez mes chers collègues, ce qui arrive souvent en cas de grève. »

M. Robert Schuman : « Alors c'est lui qui est en sécurité et pas la mine [nouveaux rires]. »

Cette participation active aux débats fut la dernière intervention de Schuman au Conseil général de la Moselle.

En 1949, Robert Schuman fut excusé pour la première session extraordinaire qui se tint en janvier. En mars, la moitié du conseil était renouvelé. Robert Schuman, avait décidé de ne pas se représenter et il fut remplacé par Nicolas Schmitt, un agriculteur, maire de Garche. À l'ouverture de la session du nouveau conseil, le doyen d'âge, Jules Wolff, rendit hommage à Robert Schuman[23] : « Nos souhaits sincères au ministre des Affaires étrangères qui assume une tâche lourde et délicate, et qui l'assure avec son patriotisme de Lorrain mosellan et avec son sens clair et avisé des réalités. » Le préfet, Louis Périllier, s'associa aux propos de Jules Wolff ; il regretta la grande expérience de M. Schuman « tout en reconnaissant qu'il lui était bien difficile de concilier la charge de conseiller général avec la lourde tâche qu'il assume au service du pays ». Il salua sa haute conscience, « sa clairvoyance » et forma des vœux pour « le succès de sa haute mission au moment où il part pour l'Amérique ».

---

[23] Conseil général de la Moselle, 30 mars 1949, p. 4.

Conclusion

Robert Schuman, conseiller général de la Moselle ? Peut-on au terme de cette analyse dresser un bilan ? Dès son arrivée au Conseil général, le préfet faisait cette remarque : « M. Schuman dont la personnalité s'est imposée dans la première séance et n'a cessé de s'exercer avec autorité. » Jusqu'en juin 1946, Schuman participa à tous les débats et intervint sur de très nombreux sujets, sans négliger les plus limités et les plus techniques. Dans l'exercice de ce mandat, on retrouve les traits caractéristiques de sa personnalité : approche claire des questions, toujours plus pragmatique que théorique, recherche des solutions acceptables par tous, recherche de solutions de conciliation. Il avait le souci d'améliorer les méthodes de travail du Conseil général et de bien distinguer les niveaux de compétence ; il savait donner à ses collègues mosellans la dimension nationale des problèmes et distinguer ce qui était de la compétence du conseil et de la compétence et du devoir de l'État. Schuman est toujours à la recherche d'une solution concrète applicable. Lors d'un débat en 1946[1], il concluait par cette phrase révélatrice : « J'ai le souci d'aboutir le plus vite possible à des conclusions et à des réalisations pratiques. » Ou encore : « Il vaut mieux faire l'expérience pratique des nouvelles méthodes que de rédiger des textes. »

Quand il était seulement député, Schuman était très assidu aux séances et montrait une grande capacité de travail. Il était très attentif et intervenait par de brèves remarques dans les discussions, parfois il savait faire preuve d'humour. Aucun sujet ne le rebutait ; il traitait des petits sujets avec la même pertinence et le même sérieux que des grands. Avec l'opposition de gauche très minoritaire, il lui arriva parfois de croiser le fer, il donnait son point de vue tout en recherchant les solutions de conciliation. Il avait un souci très vif de l'esprit démocratique et républicain. Ses avis et ses rapports démontraient ses compétences de juriste et d'expert financier, particulièrement sur les domaines suivants : budgets, crédits, problèmes de conversion des monnaies allemandes et françaises et réévaluations des rentes et salaires.

Depuis le départ de Robert Schuman du Conseil général, plus de soixante ans se sont écoulés. Le canton de Cattenom qu'il a représenté avec distinction, a beaucoup évolué. Schuman était l'élu de paysans et

---

[1] Conseil général de la Moselle, 1946, p. 212, p. 376.

de villageois catholiques qui parlaient le luxembourgeois. Aujourd'hui les mineurs et les ouvriers ont disparu ou sont devenus de paisibles retraités ; les agriculteurs ne sont plus qu'une poignée ; la population active travaille dans le Grand-Duché de Luxembourg et à la centrale nucléaire de Cattenom. Ses revenus sont relativement élevés et l'environnement et l'habitat se sont considérablement améliorés.

Quant au Conseil général de la Moselle, il est bien différent de celui où avait siégé Robert Schuman. Avec l'augmentation de la population du département de la Moselle qui dépasse aujourd'hui le million d'habitants, il a fallu réaliser un nouveau découpage et créer de nouveaux cantons ; le conseil est passé de 36 à 43 conseillers généraux puis maintenant à 51 membres. La loi de décentralisation de 1982 a eu trois conséquences majeures : elle a créé un exécutif départemental. Il est revenu à Julien Schvartz, président du Conseil général de 1982 à 1992, puis à Philippe Leroy de 1992 à 2011, la tâche de mettre en œuvre cette nouvelle répartition des pouvoirs entre l'administration préfectorale et l'assemblée départementale élue. Le Conseil général s'est installé dans ses propres locaux ; sa salle des délibérations demeure certes dans les bâtiments de la préfecture mais le Conseil général s'est émancipé de la tutelle du préfet. Il élabore son propre budget et a acquis de nouvelles compétences qu'il n'avait pas à l'époque de Robert Schuman. L'institution a évolué et ses compétences dans l'équipement et la gestion scolaire, sociale, sanitaire, culturelle, etc., du département de la Moselle se sont considérablement renforcées.

ANNEXES

Appel de Robert Schuman
aux électeurs du canton de Cattenom

Je n'ai pas recherché cette candidature ! J'ai toujours évité le cumul des mandats politiques. Je me réjouissais de voir des jeunes se placer au premier rang du dur combat qui se livre autour de nos idées. J'aurais vivement salué l'élection de l'un des leurs. Le résultat du premier tour la rendait certaine, à condition que l'union se fit en entre eux. J'y ai vivement travaillé pendant trois jours. Les dissensions personnelles ont été un obstacle insurmontable. En déplorant l'échec de ma médiation, je garde l'espoir qu'un prochain avenir procurera aux jeunes la compensation à laquelle ils ont droit.

Cette fois-ci, il fallait faire l'union devant un adversaire qui avait réussi à grouper 1 040 voix sur 1997. Le maintien de deux candidats de notre côté, auquel s'ajoutait un candidat nouveau [Pirus], rendait vraisemblable, sinon certaine, l'élection d'un marxiste dans un canton, qui, dans sa grande majorité, s'affirme antirévolutionnaire. Un pareil résultat vous aurait indignés. Il fallait l'éviter.

L'union n'a pu se faire que sur mon nom. C'est un fait que personne ne niera. Je remercie une fois de plus ceux qui ont rendu possible cette unique solution.

Inutile de développer longuement mon programme. Au Parlement, je suis depuis dix-huit ans le défenseur d'une politique d'ordre, de conciliation, de progrès social. En 1936, j'avais prédit les conséquences désastreuses d'une politique imprudente dans le domaine financier, désordonnée dans le domaine social et économique. J'ai dénoncé les méfaits de la dévaluation monétaire, mis en garde contre la vie toujours plus chère. Nous savons où nous en sommes aujourd'hui.

Dans le cadre du département, il y aura à réaliser des économies par une meilleure répartition des charges entre les départements et l'État. Mon initiative nous a valu en décembre 1936 une subvention de 1,5 million pour les frais d'assistance dans les trois départements. Je suis le rapporteur du projet introduisant la législation française en la matière.

Il y aura à obtenir :

– La revalorisation des pensions et émoluments, rentes de tous genres dépréciées par la dévaluation.

– Une aide plus efficace aux familles nombreuses, une répartition plus efficace des allocations militaires.

– Le règlement plus rapide des indemnités d'expropriation.

– L'amélioration de certaines routes avec le concours de l'État et du département.

– Le développement des transports routiers.

– La conclusion d'un accord avec le gouvernement luxembourgeois au profit de nos frontaliers.

– La révision du décret sur la prolongation de la scolarité dans le sens d'une meilleure formation professionnelle postscolaire.

Ce sont quelques-unes des tâches qui intéressent le Conseil général. Je n'ai pas besoin de vous rappeler mon attitude à l'égard de nos traditions locales en bilinguisme, des problèmes de défense nationale.

Je n'ai jamais varié dans mon attitude, alors que mes adversaires sont tantôt des internationalistes farouches, tantôt d'excellents patriotes.

Vous ne serez pas dupes de leur modération apparente. Leur doctrine reste ce qu'elle était : révolutionnaire et basée sur la lutte des classes, c'est-à-dire sur la haine et sur la violence.

Nous voulons sincèrement la paix au dedans et au dehors, des réformes sérieuses, progressives, durables, l'autorité sans la dictature.

C'est pourquoi, vous voterez tous dimanche prochain. S'abstenir, c'est déserter !

**Robert Schuman,
député de Thionville**

Source : L'Écho de Thionville, *16 octobre 1937.*

Séance du 21 octobre 1937

N° 34. Subventions – Demande de la caisse autonome de retraite des ouvriers des cristalleries de Saint-Louis-lès-Bitche

M. Schuman. – Aux termes de la législation locale, il n'existe pour le Conseil général aucune obligation légale d'intervenir dans cette situation que nous déplorons tous. Nous savons qu'elle est le résultat d'une longue période de chômage partiel, et c'est à ce titre-là surtout que l'État devrait agir, puisque l'indigence à secourir est la conséquence de la situation difficile dans laquelle se trouve toute une industrie.

Les vœux qui ont été proposés demandent au gouvernement de se préoccuper – de cette situation, dans l'intérêt des entreprises elles-mêmes et aussi de leur personnel. En effet, si la concurrence étrangère continue de se manifester telle qu'elle se pratique aujourd'hui, nous verrons toutes nos usines se fermer, et ce sera le chômage complet. Certains pays que je ne veux pas nommer, et qui sont des pays amis, pratiquent un dumping absolument désastreux pour notre industrie. Il importe donc que le gouvernement se préoccupe de cette situation.

Si aujourd'hui nous constatons une indigence que nous sommes unanimes à déplorer, nous devons dire que la question est d'ordre gouvernemental. Les communes ne peuvent pas faire face à cette situation par leurs propres moyens. D'autre part, il serait dangereux pour le département d'accorder des secours à telle, ou telle caisse, à telle ou telle commune. Nous aurions immédiatement des demandes que nous enverraient très légitimement des douzaines d'autres communes. De plus, nous ne serions pas sur un terrain légal.

La sagesse serait de faire de cette question une étude d'ensemble, dans le sens qui vient d'être dit par les différents orateurs.

M. le Préfet. – M. Schuman, dans une intervention extrêmement claire, a parfaitement posé le problème.

Dans l'ordre départemental, il ne peut pas être résolu, parce que vous ne pourriez intervenir que sous la forme de subventions qui seraient peu intéressantes pour chaque, partie prenante. D'autre part, il faudrait vous orienter vers une modification de la législation locale.

Le problème est essentiellement général. Il pose, en particulier, la question des contingentements étrangers. Si le ministre du Commerce à qui j'ai signalé la situation angoissante des ouvriers verriers de cette région peut obtenir de pays que nous connaissons bien, qui sont des pays amis, une modification de l'importation de la verrerie, la question sera réglée. Mais, pour le moment, nous n'avons pas de moyen administratif de corriger cette situation, à moins de nous engager dans une voie tout à fait arbitraire qui, pratiquement, ne donnerait pas grand chose.

Source : archives départementales de la Moselle, 72 N 19, p. 525.

N° 56. Cantonniers départementaux –
Modification du règlement du 19 décembre 1921

Rapporteur : M. le Dr Kirsch.

Votre deuxième commission, d'accord avec la première, propose d'accepter le changement des articles 4, 18 et 19 du règlement sur le service des cantonniers départementaux, en vue de les mettre à pied égal avec les cantonniers du Service ordinaire.

M. Schuman. – Je voudrais faire une remarque. Je ne demande pas de réponse immédiate ; je signale seulement au conseil général une injustice qui existe dans le statut des cantonniers.

Lorsqu'un cantonnier a été victime d'un accident de service et touche de ce chef une rente, l'Administration lui fait subir, sur son salaire, une retenue égale à cette rente. De sorte qu'un homme qui se trouve handicapé dans sa vie privée ne touche aucune compensation. C'est une injustice. Une amputation partielle serait, à la rigueur, acceptable ; une amputation totale ne l'est pas.

Je signale à M. le Préfet qu'il y aurait lieu de procéder sur ce point à une révision du statut des cantonniers.

M. le Président. – Le Conseil général invite M. le Préfet à faire étudier la question, pour la prochaine session.

Je mets aux voix les conclusions du rapport.

Adopté.

Source : archives départementales de la Moselle, 72 N 19, p. 531.

Séance du 22 octobre 1937

Vœu n° 81 – Révision de la taxe de superficie des mines

Présenté par M. Alexandre Hoffmann, avec MM. Anstett, le Dr Ménétrier, Muller, Nommé, Wolff et le Dr Wolff, et rapporté par M. Tritz.

Il ressort du rapport de M. le Directeur des contributions directes (voir rapport préfectoral de 1937) que l'impôt local sur les mines (taxe de superficie) n'a rapporté en 1936 que la somme de 62 446 francs, tandis que la taxe sur les chiens a rapporté la même année la somme de 787 356 francs et la taxe sur les vélocipèdes 1 436 328 francs.

Cette disproportion entre ces trois impôts provient du fait que la taxe sur les chiens et les vélocipèdes, comme d'ailleurs tous les impôts, a été révisée et « revalorisée » à plusieurs reprises tandis que l'impôt local sur les mines est inférieur aujourd'hui à ce qu'il était à son origine.

Il y a là une anomalie fiscale dont bénéficient les sociétés minières et qu'il importe de faire disparaître au plus tôt.

Je propose au Conseil général d'émettre le vœu que la taxe de superficie des mines soit « revalorisée » et adaptée au taux des autres impôts.

La sous-commission des vœux propose au Conseil général de transmettre ce vœu à M. le Préfet, à toutes fins utiles.

M. Schuman. – L'impôt subsisterait, même si on introduisait dans nos départements la loi française sur les mines. La taxe sur la superficie et la taxe à l'extraction se superposent toujours. On peut donc envisager la revalorisation du taux local sans que cela ait de répercussion sur l'autre question qui est indépendante.

M. Tritz, rapporteur. – D'après M. le Directeur des contributions qui nous a fait connaître son avis, il ne peut pas y avoir superposition et l'autre impôt tomberait.

M. Schuman. – Non. Dans le droit local comme dans le droit français, il existe deux taxes différentes qui incombent aux exploitants de mines. Dans les deux législations, on trouve une taxe perçue d'après la superficie de la concession. C'est cette taxe que M. Alexandre Hoffmann voudrait faire revaloriser, le taux étant encore à peu près celui d'avant-guerre. C'est donc un problème extrêmement restreint.

Il mérite, je crois, d'être résolu dans le sens préconisé par le vœu. Comme la loi française n'est pas encore introduite dans nos départements et que nous aurons à nous prononcer à cet égard, nous pouvons, pour le moment, accepter la suggestion de M. Alexandre Hoffmann.

C'est-à-dire que nous demandons que le gouvernement dépose un projet de loi.

M. Alexandre Hoffmann. – En réalité, il ne s'agit pas d'un impôt, mais d'une redevance qui garantit les droits de l'État, propriétaire du sous-sol. Cette redevance est restée ce qu'elle était avant la guerre, alors que d'autres redevances ont été revalorisées. Ce n'est pas juste.

Je ferai remarquer, à ce propos, que cette redevance payée par les mines a rapporté 62 000 francs en 1936, alors que l'impôt sur les chiens a donné 787 000 francs, et l'impôt sur les vélocipèdes, 1 300 000 francs. Il ne serait pas exagéré de la multiplier par dix.

Le Président. – Le vœu est adopté.

Source : archives départementales de la Moselle, 72 N 19, p. 584.

Séance du 23 octobre 1937

Mines de potasse d'Alsace – Attribution aux départements recouvrés sur les réserves des dites mines. Demande de modification du décret-loi du 31 août 1937

Rapporteur : M. Schuman.

M. Schuman. – Voici le vœu qui a été rédigé au cours de la séance tenue à Strasbourg et que vont adopter les conseils généraux des deux départements alsaciens :

Le Conseil général prend acte de la communication faite à M. le Préfet par M. le Président du conseil, en date du 16 courant, par laquelle le gouvernement s'engage à déposer et à faire voter un projet de loi, allouant à chacun des trois départements recouvrés, une somme de 4 millions à prélever sur les réserves des Mines domaniales de potasse d'Alsace et autorise l'inscription d'une pareille somme aux budgets départementaux pour 1938.

Le Conseil général, tout en reconnaissant que ce geste donne une certaine satisfaction immédiate, doit néanmoins souligner qu'elle est seulement partielle ; il ne saurait, en effet, admettre aucune atteinte aux droits définitivement consacrés par la loi du 23 janvier 1937 qui attribue aux trois départements, tant dans les bénéfices à répartir que dans les réserves, c'est-à-dire dans les bénéfices accumulés, la part de 12 % qui leur a été reconnue dès le début et confirmée par deux lois successives ;

Demande que le décret-loi du 31 août 1937 soit modifié en conséquence.

Adopté à l'unanimité.

Source : archives départementales de la Moselle, 72 N 19, p. 590.

N° 22. – Personnel départemental – Abaissement de la limite d'âge des fonctionnaires départementaux

Rapporteur : M. Liard.

La première commission, d'accord avec la troisième, propose au Conseil général de décider de maintenir, en principe, la limite d'âge à 58 ans, mais en précisant que les employés départementaux tributaires de la caisse de retraites pourront obtenir leur mise à la retraité à l'âge de 55 ans, à condition de réunir trente années de service, effectivement accomplies.

En outre, la mise à la retraite serait obligatoire à 60 ans au lieu de 65 ans, sous réserve toutefois, sur ce point, du maintien des droits des fonctionnaires anciens combattants et des pères de familles nombreuses.

M. Schuman. – À quelle catégorie de fonctionnaires d'État les fonctionnaires départementaux sont-ils assimilés à cet égard ?

M. Liard, rapporteur. – Nous répondons à une suggestion du ministre de l'Intérieur et nous envisageons d'abaisser la limite d'âge de nos fonctionnaires, comme l'État l'a fait pour les siens.

M. Schuman. – Seulement, dans les fonctionnaires d'État, il y a différentes catégories. La limite d'âge à 55 ans ne concerne que les catégories les plus favorisées. Pour d'autres, elle est de 60 ans.

Il y aurait peut-être une ventilation à faire. 55 ans, je trouve que c'est un peu tôt. Nous ne pouvons qu'adopter les conclusions de la commission ; mais j'ai cru devoir soumettre ces réflexions au Conseil général.

M. le Chanoine Ritz. – La retraite à 55 ans est facultative, quand le fonctionnaire a trente années de service.

M. Schuman. – Voici la critique que je fais. Si un fonctionnaire a la faculté de prendre sa retraite à un âge trop peu avancé, on risque de le voir chercher un portefeuille d'assurance, une représentation ou un petit emploi. De sorte que le résultat qu'on voudrait atteindre et qui serait de faire de la place aux jeunes, n'est nullement atteint, et que les caisses de retraites sont inutilement obérées.

Mais, nous sommes en présence d'une mesure prise par l'État et adoptée également par le département du Haut-Rhin : nous ne pouvons que suivre le mouvement.

M. le Président. – Vous demandez l'ajournement ?

M. Schuman. – Non. La commission a certainement étudié la question. Je ne fais aucune opposition.

M. Hennequin. – Je demande que les observations de M. Schuman soient jointes au dossier.

M. Vautrin. – Cela ne changera rien.

Adopté.

Source : archives départementales de la Moselle, 72 N 19, p. 599-600.

Séance du 23 octobre 1937

Vœu n° 53 – Sur la prolongation de la scolarité

M. le Chanoine Ritz. – Le rapport a pour objet : 1° de prendre acte de la communication de M. le Préfet ; 2° de mettre au point la question, afin que la population soit renseignée. Il précise que le Conseil d'État est saisi, que nous demandons l'annulation du décret et que les amendes encourues jusqu'au mois de juillet 1937 sont annulées du fait de l'amnistie ; il ajoute que, pour les filles, la situation est la même dans les trois départements recouvrés que dans l'ensemble du pays, mais que, pour les garçons, la scolarité est prolongée jusqu'à 15 ans.

Voilà le résumé du rapport.

M. le Président. – Messieurs, voulez-vous discuter seulement ce rapport ou examiner l'ensemble de la question de la scolarité ?

M. Alexis Wéber. – Toutes ces questions sont connexes ; on pourrait engager une discussion générale.

M. le Chanoine Ritz. – Voici le texte du vœu : « Le Conseil général demande au gouvernement d'intervenir auprès du Conseil d'État en vue de hâter sa décision… et de faire ainsi cesser l'incertitude dans laquelle se trouvent les parents, les municipalités, le corps enseignant et les travailleurs. »

Et le rapport conclut : « La sous-commission des vœux propose au Conseil général d'adopter le vœu dans son intégralité et d'insister pour sa prise en considération. »

M. le Président. – C'est, par conséquent, le vœu présenté par M. Schuman qui est mis en discussion.

Je donne la parole à M. Alexandre Hoffmann.

M. Alexandre Hoffmann. – Dans la session précédente, nous avons fait connaître notre point de vue ; nous n'avons pas changé d'opinion.

Je comprends que le Conseil général exprime un vœu, en vue de hâter la décision du Conseil d'État. Mais, pour nous, la question ne se pose pas, car il nous importe peu de savoir si le décret est légal ou s'il ne l'est pas : nous sommes et nous restons pour la prolongation de la scolarité, que nous considérons comme un progrès. Nous l'avons toujours affirmé et on ne peut pas nous demander de changer d'avis, au lendemain d'une campagne électorale où la prolongation de la scolarité, que nous avons exposée jusque dans les plus humbles hameaux, a partout été accueillie avec faveur. M. Antoni, qui en a été le témoin, pourra dire que nous avons vraiment traité la question devant le public qui n'est pas aussi opposé qu'on veut bien le dire à la prolongation de la scolarité. Dans la région de Forbach, la campagne électorale s'est faite particulièrement sur cette question : les électeurs ont dit leur sentiment.

M. Wolff. – La question de l'obligation a été posée dans notre campagne électorale. Nous demandons la possibilité de la prolongation, mais pas l'obligation.

M. Schuman. – Je ne suis pas tout à fait d'accord avec M. Alexandre Hoffmann, lorsqu'il dit que la question de légalité n'est pas intéressante. D'abord, cette question est posée en dehors de nous, puisque ce n'est pas par un parti politique, mais par les pères de famille que le recours en Conseil d'État a été formé. De plus, la question ne se pose pas seulement pour les parents qui ont été l'objet de poursuites ; elle se pose également pour l'Administration et pour le gouvernement. Tout le monde a donc intérêt à sortir le plus tôt qu'il sera possible de l'incertitude dans laquelle nous nous trouvons.

Nous n'avons pas à nous faire juges de la légalité du décret ; nous n'avons jamais prétendu le faire. Nous avons individuellement notre opinion – je n'ai pas caché la mienne – mais nous n'avons pas à statuer sur ce point.

Nous disons simplement : un litige existe ; nous désirons que la décision intervienne promptement.

Sur ce point, il me semble que nous devrions faire l'unanimité, sans préjuger le fond.

Vous pouvez avoir l'espoir que le Conseil d'État confirme la légalité du décret. S'il en est ainsi, nous nous inclinerons. Nous aurons sans doute à prendre une initiative dans une autre enceinte ; mais la question de légalité sera jugée. Voilà ce que nous disons.

En second lieu, le vœu dit que, pour le cas où le décret serait annulé, nous ne voudrions pas revenir purement et simplement au « *statu quo ante* ». Nous entendons marquer par là que notre attitude n'est pas purement négative et que nous n'exprimons pas une fin de non-recevoir. Déjà, dans une lettre en date du 14 mars 1937, adressée au président du Conseil qui était alors M. Léon Blum, a été manifesté le désir que nous avons de voir intervenir une réforme. Non pas une réforme telle que celle qui a été improvisée et qui consistait à maintenir pendant une année supplémentaire les garçons à l'école ; mais une réforme qui organise un complément d'éducation que nous jugeons extrêmement souhaitable, au point de vue professionnel surtout.

Voilà ce qui est inclus dans notre vœu. Il n'est ni agressif, ni intransigeant. C'est la confirmation de l'attitude que nous avons adoptée dans cette affaire, dès le début.

Je prie ceux de mes collègues qui pourraient être d'un avis contraire de me croire, si je leur dis que nous n'avons jamais été intransigeants. Il ne faut pas que, dans leur esprit et dans l'opinion publique, subsiste cette impression que nous aurions cherché un conflit et que nous serions opposés à une tentative de réforme. Il n'a jamais été ni dans nos actes, ni dans nos intentions d'opposer un simple veto, de faire une simple obstruction.

M. le Président. – Dans l'espoir que l'unanimité pourra se faire tout au moins sur ce point, je dois ajouter que, en dehors de la position de principe que nous avons pu prendre, les uns ou les autres, il y a des difficultés d'application dont nous devons tous rechercher la solution. Qu'il s'agisse d'enfants qui vont dans les écoles d'agriculture ou d'enfants qui ont commencé leurs études dans un département quelconque de la France – pour ne citer que ces deux cas – le texte de M. Schuman ne prend aucune position de principe et recherche seulement une solution. Il pourrait réaliser l'unanimité.

M. le Chanoine Ritz. – Pour achever de convaincre M. Alexandre Hoffmann, je lui dirai ce qui s'est passé au Conseil général du Bas-Rhin. M. Oberkirch ayant présenté un vœu analogue à celui de M. Schuman, ce vœu a été accueilli dans les termes suivants : « Comme il ne s'agit que d'une motion juridique, la fraction socialiste du Conseil général se rallie à ce vœu. »

M. le Dr Wolff. – Au cours de ma campagne électorale, j'ai posé, moi aussi, la question de scolarité. Des membres du corps enseignant m'ont dit qu'ils ne savaient plus que faire des enfants qui ont obtenu leur certificat d'études primaires. J'appuie donc très vivement le vœu de M. Schuman, notamment en ce qu'il tend vers une formation professionnelle.

M. Béron. – Chacun de nous a l'impression que le problème a considérablement évolué. Quelles que soient les appréciations personnelles qu'on ait pu exprimer il y a un an, nous sommes aujourd'hui tous d'avis qu'il convient de faire un effort pour l'enseignement et pour la scolarité.

À ce titre, nous pourrions tous voter, comme l'a fait le Conseil général du Bas-Rhin, la proposition que nous présente M. Schuman ; d'autant plus qu'il vient de faire de nouvelles déclarations dans lesquelles il a affirmé une fois de plus la nécessité de réaliser un effort pour l'école primaire.

Seulement, c'est précisément cet effort qui exige des pourparlers, pour que les conseils généraux disent exactement ce que nous demandons.

Et d'abord se pose une question. Quelle sera l'attitude des conseils généraux, en ce qui concerne la région de langue française ? Certains de nos collègues représentent des cantons où seul le français est enseigné. Pouvons-nous accepter, pour ces cantons, le régime applicable dans les trois départements de la Moselle et du Rhin ?

Ou n'allons-nous pas, au contraire, demander qu'on leur applique le régime de l'intérieur ? Voilà le problème qui se pose.

Il faudrait que les conseils généraux des trois départements prissent l'engagement, en demandant cette exception en faveur des régions de langue française, de ne pas en tirer argument pour affirmer ensuite que les régions de langue allemande sont pénalisées. Il s'agit, à mon sens, en la circonstance, de certaines garanties, d'une certaine honnêteté politique que nous devons avoir les uns à l'égard des autres.

M. le Chanoine Ritz. – Je ne comprends pas très bien.

M. Béron. – Vous ne comprenez pas ? Je dis ceci : le Conseil d'État va prendre une décision. Admettons que cette décision soit conforme au décret : 14 ans pour les filles, ce que tout le monde accepte, et 15 ans pour les garçons. Nos populations de langue française se trouveront choquées par cette année supplémentaire, attendu qu'elles sont dans une situation exactement comparable à celle des populations de l'ensemble de la France. Il semble donc justifié de demander pour ces populations une exception de l'obligation.

M. le Chanoine Ritz. – Ce sera difficile.

M. Béron. – Non. Seulement, il s'agit de savoir si on n'en tirera pas argument pour dire que les régions de langue allemande sont pénalisées. Il est indispensable que cette question soit posée.

Nos populations de langue allemande ne restent pas toutes à la campagne. Dans une famille paysanne où il y a trois fils, l'aîné reste sur l'exploitation pour succéder au père ; mais les autres cherchent à devenir fonctionnaires d'État, à entrer au chemin de fer ou ailleurs. Il est donc indispensable qu'ils possèdent la langue française. Tandis que les jeunes gens des cantons de langue française peuvent trouver les mêmes situations sans apprendre l'allemand. Voilà la différence qu'il fallait marquer et la question qu'il fallait poser.

M. le Chanoine Ritz. – Vous pensez que la décision du Conseil d'État pourra dire cela ?

M. Béron. – Non. Je dis que la question des régions de langue française doit être envisagée dès maintenant et qu'il faut demander qu'elles soient traitées sur le même pied que toutes les autres régions du pays où on ne parle que le français.

Ce n'est pas pour un intérêt local que j'en parle. Je viens d'adresser aux maires des deux cantons de la vallée de la Fentsch une lettre suggérant ou envisageant la création d'une école primaire supérieure. J'ai reçu de nombreuses adhésions de municipalités à ce projet, ce qui montre qu'il y a là aussi un effort à accomplir.

M. Alexis Wéber. – Pour les garçons.

M. Béron. – Pour tous ceux qui désirent avoir une formation particulière.

Je pose la question ; je demande à nos collègues de l'envisager sous l'angle que je viens de définir et j'espère que les conseils généraux des trois départements voudront bien déclarer qu'ils entendent ne pas en tirer dans l'avenir de nouvelles raisons d'agitation politique.

Ceci dit nous pourrions envisager de faire l'unanimité sur le vœu, étant donné que nous avons tous le même intérêt, celui d'obtenir rapidement une solution définitive.

M. Schuman. – Nous n'avons pas à discuter aujourd'hui les solutions possibles – car il y en a plusieurs. Nous demandons, pour que le problème technique soit traité dans sa véritable atmosphère, que le gouvernement constitue une commission technique et non politique, qui aurait à étudier la réforme à introduire.

M. Béron dit : Nous pouvons faire une distinction.

M. Béron. – Nous pouvons envisager.

M. Schuman. – Eh bien ! j'envisage. Le fait même que vous envisagez cette éventualité contient une critique implicite du décret.

M. Béron. – Certainement. Je n'ai pas craint de le dire, dès le début.

M. Schuman. – La prolongation de la scolarité primaire n'est pas le seul moyen qui puisse être employé pour donner aux populations de langue allemande ce perfectionnement dans l'étude du français qu'il faut, en effet, leur apporter. Il y a d'autres moyens, en particulier l'enseignement postscolaire.

Ce que nous reprochons au décret, ce n'est pas la tendance qu'il marque dans le sens d'une amélioration de l'instruction publique : nous en sommes tous partisans. Mais il faut bien reconnaître que le fait de prolonger la scolarité d'une façon simpliste, sans révision des programmes, n'atteint pas le but qu'on se proposait d'atteindre.

Il y a donc une étude technique à faire, qui aboutira probablement à autre chose que ce qui a été prévu par le décret, et je souligne en particulier l'enseignement postscolaire.

Vous voyez que je suis très à mon aise pour vous répondre. Mais, je crois que ce n'est pas aujourd'hui le moment pour le Conseil général d'émettre un avis à cet égard.

Ceci dit, je me réjouis que M. Béron et ceux de nos collègues sur lesquels il a de l'influence se rallient à la suggestion que nous avons faite. C'est un progrès, étant donné que nous avons toujours désiré que l'union se fasse dans cette question, en dehors de toute considération politique. [Applaudissements.]

M. Alexandre Hoffmann. – Je reconnais volontiers que le problème s'est modifié et que l'assemblée départementale a évolué. La question ne se pose plus aujourd'hui comme elle se posait il y a quelques mois. Si on l'avait envisagée dès le début comme on l'envisage maintenant, nous aurions déjà réalisé plus que nous n'avons pu le faire.

Mais, je vous demande de comprendre notre situation. Au cours de la campagne électorale – M. Antoni en a été le témoin – j'ai défendu le décret de prolongation, et la vérité m'oblige à dire que partout où la question a été traitée, nous avons soulevé les applaudissements des électeurs, même dans les villages où il n'y a que des cultivateurs.

M. le Dr Cayet. – À Hayange, vous n'auriez pas dit cela.

M. Alexandre Hoffmann. – Il se peut qu'à Hayange la question ne se pose pas comme ailleurs.

Mais, enfin, je veux bien répondre à l'appel de nos collègues du Conseil général. Précisant bien qu'il s'agit uniquement de demander une décision rapide, sans rien abandonner de notre position quant au reste, nous voterons le vœu.

Nous restons partisans de la prolongation. Mais nous répondons à l'appel qui nous est fait, heureux de montrer une fois de plus un esprit de conciliation et de collaboration que je voudrais bien retrouver chez l'ensemble de nos collègues.

M. le Président. – Je ne peux pas laisser dire que le Conseil général a évolué dans la question. Comme l'a très justement fait remarquer M. Schuman, c'est toujours le même point de vue qui a été défendu, à Paris comme ici, par les représentants du département.

Mais nous ne voulons pas envenimer le débat. Je vais relire le texte et nous voterons par division.

M. Antoni. – On a parlé tout à l'heure d'évolution. À propos d'un autre vœu, je parlerai de révolution. Celui qui a évolué, c'est M. Alexandre Hoffmann qui parle un langage différent, selon qu'il se trouve au Conseil général ou dans un village.

M. le Président. – Voici le texte du vœu proposé par M. Schuman :

Vœu n° 53 – Prolongation de la scolarité

Présenté par M. Schuman, avec MM. Brocker, le Dr Cayet, Foulé, le Dr Hoffmann, le Dr Kirsch, Straub et le Dr Wolff, et rapporté par M. Alexis Wéber.

Le Conseil général demande au gouvernement d'intervenir auprès du Conseil d'État, en vue de hâter sa décision concernant la validité du décret du 10 octobre 1936, sur la scolarité des garçons, et de faire ainsi cesser l'incertitude dans laquelle se trouvent à la fois les parents, les municipalités, le corps enseignant et les employeurs ;

Le Conseil général réitère, en outre, le vœu qu'une commission technique comprenant également des représentants des groupements économiques intéressés, soit chargée d'étudier une réforme véritable de l'éducation populaire, assurant avant tout une préparation meilleure à la formation professionnelle.

Sur proposition des commissions réunies, la sous-commission des vœux propose au Conseil général d'adopter le vœu dans son intégralité et d'insister pour sa très urgente prise en considération.

Adopté à l'unanimité.

Source : archives départementales de la Moselle, 72 N 19, p. 647-650.

Séance du 10 mai 1938

N° 13. Redevances communales et départementales des mines – Loi du 13 avril 1937 – Résultat de l'étude faite en vue de l'application éventuelle dans le département

[…]

M. Schuman. – J'étais sur le point de me féliciter de l'accord que notre collègue, M. Alexandre Hoffmann, a donné aux conclusions de la commission qui avait à faire le rapport sur cette question. Mais, cet accord n'était que conditionnel et entouré de telles réserves qu'il n'en restait plus rien, à la fin.

M. Alexandre Hoffmann dit : « Si les chiffres qui nous ont été communiqués étaient exacts, je serais d'accord avec les conclusions du rapport ; mais, je conteste l'exactitude de ces chiffres ; par conséquent, il n'y a plus d'accord. La question doit donc rester à l'étude. »

Messieurs, il s'agit de savoir si nous devons accepter les conclusions de la commission qui dit : Nous pouvons conclure, nous pouvons mettre le point final sous cette question, en l'état actuel de la législation, et dire que la loi locale est plus profitable pour nos collectivités locales que ne le serait la loi française, si elle était introduite dans nos trois départements.

J'estime que les conclusions de la commission sont fondées, et je vais dire pourquoi.

D'abord, M. Alexandre Hoffmann conteste les chiffres que nous a communiqués l'administration des contributions directes, surtout en ce qui concerne les mines de houille ; il dit que ces chiffres sont gonflés, exagérés, et qu'il en ressort, pour les communes et le département, un rendement très inférieur à ce qu'il devrait être.

Monsieur Hoffmann, vous avez eu la possibilité de faire la preuve à la commission, le directeur des contributions directes est venu, vous avez discuté avec lui, vous n'avez pu nous convaincre (ni lui surtout) de l'exactitude de votre contestation. Je ne vois pas comment vous pourriez le faire davantage dans quelques mois, lorsque nous aurons une nouvelle réunion. Jusqu'à nouvel ordre, nous ne pouvons que tenir pour exacts les chiffres qui nous sont officiellement communiqués par le service dont la mission est de calculer et de recouvrer l'impôt. J'ajoute d'ailleurs, mon cher collègue, que, comme maire d'une des communes intéressées, vous avez toute possibilité non seulement de contrôle, mais de recours devant la juridiction compétente.

M. Alexandre Hoffmann. – Seulement pour la répartition de la productivité, mon cher Maître, mais non pour la productivité même.

M. Schuman. – Vous avez la possibilité de faire examiner au contentieux, par le Tribunal administratif et, s'il le faut, par le Conseil d'État, le rendement et la productivité des établissements.

Il ne suffit pas de contester théoriquement l'exactitude de certains chiffres pour nous amener à prendre une position qui diffère de celle que nous avons prise. Nous tablons sur des chiffres officiels. Tant que nous n'avons pas la preuve que ces chiffres sont inexacts, nous sommes obligés de les tenir pour vrais.

Vous avez dit en second lieu qu'un jour viendra où la redevance de la loi française générale sera augmentée. Je réponds, à ce sujet, que le taux actuellement appliqué a été fixé il n'y a pas très longtemps et qu'on peut se demander si le même gouvernement qui vient de faire une fixation serait très disposé à la relever ; il semble plutôt qu'un changement ne soit pas imminent. Mais je m'empresse d'ajouter que, le jour où une modification interviendra, la question se posera à nouveau et nous aurons à nous demander si la situation nouvelle serait pour nous plus profitable que la législation actuelle.

Enfin, M. Alexandre Hoffmann a contesté l'exactitude des chiffres de la productivité et a affirmé que certains établissements étaient taxés à un chiffre très inférieur à celui qui figure dans l'état dont les maires intéressés ont eu communication. Mais, alors, je lui réponds : Si la loi locale insuffisamment appliquée donne déjà plus que la loi française générale, que donnerait-elle le jour où elle serait bien appliquée. De sorte que, de votre propre point de vue, Monsieur Hoffmann, la question se pose beaucoup moins de savoir s'il faut introduire la législation française générale, que de savoir s'il faut améliorer le rendement de la loi locale. Comme maire de votre commune, il vous appartient de procéder à la révision du taux de productivité ; c'est vous qui percevez, vous avez le droit de réclamer, par la voie administrative, puis par la voie contentieuse, en ce qui concerne le montant de la productivité.

Je terminerai par une dernière remarque. Vous avez parlé d'une proposition de loi qui avait été déposée en 1929. Je ne crois pas l'avoir signée, mais je l'ai connue et nous l'avons discutée.

Pourquoi cette proposition de loi est-elle restée en suspens ? On avait demandé à ce moment-là la substitution de la loi française à la loi locale ; c'était à un moment de pleine prospérité où nous aurions, si nous avions perçu la redevance par tonne de charbon extrait, profité de cet essor des affaires, alors que l'impôt local sur la productivité offre une certaine stabilité et ne suit pas exactement la courbe des affaires. Mais, un an ou deux ans après, est venue la crise, la production effective des mines a progressivement baissé. Nous aurions alors fait un marché de dupes, puisque nous aurions senti les conséquences de la crise, le volume des affaires ayant baissé au moment même de la perception. Nous avons préféré conserver le régime de la productivité qui comporte une stabilité plus grande et qui, en période de crise, réduit au minimum, pour les collectivités locales, les possibilités de risque.

Vous comprenez pourquoi cette proposition de loi, qui avait pour but d'amorcer l'étude de la question, n'a pas suivi son cours. Je crois que nous avons bien fait de ne pas aller jusqu'au bout, comme nous faisons bien aujourd'hui de maintenir le statu quo, quitte à laisser le soin aux intéressés de perfectionner, d'améliorer, de surveiller en tout cas l'application de la loi locale.

M. Alexandre Hoffmann. – Les déclarations de notre collègue Schuman appellent plusieurs rectifications :

1° Le Maire n'a pas le pouvoir de demander le relèvement de la productivité. Il ne peut, en vertu de l'article 76 du Code des impôts directs d'Alsace et de Lorraine, que contester la répartition entre les diverses localités intéressées, et non demander le relèvement de la productivité. Ce serait, vous en conviendrez tous, de l'anarchie.

2° Les documents dont j'ai fait état dans mon exposé sont rigoureusement authentiques et officiels. C'cst la productivité qui est communiquée tous les ans aux communes. Il est regrettable, comme je l'ai dit au début de mon exposé, que nous trouvions dans ce débat deux productivités différentes, mais officielles l'une et l'autre.

3° Les documents qui sont en ma possession n'indiquent, pour les houillères de ma commune, qu'une productivité de 10 734 000 francs.

M. Schuman. – M. le Directeur des contributions directes vous a fait observer que, dans ce chiffre, ne figure pas la productivité du matériel immobilier et de l'outillage, qui représente 3 millions.

M. Alexandre Hoffmann. – J'allais le dire. L'outillage fixe qui est soumis à l'impôt foncier représente exactement 2 192 847, soit en tout

12 926 847. La Société houillère de Sarre et Moselle a une productivité de 19 335 000, ce qui fait, pour l'ensemble du bassin, 32 261 000 francs, et non 44 800 000 comme l'indique le tableau remis à la commission des finances.

4° Enfin, j'ajouterai encore qu'en 1935, j'ai fait prendre une délibération demandant le relèvement de la productivité. Cette délibération a été purement et simplement annulée parce que la question ne relève pas de la compétence du maire.

M. Schuman. – Il faut vous adresser au Tribunal administratif.

M. Alexandre Hoffmann. – Mon cher Maître, je répète pour la troisième fois, et devant les fonctionnaires de l'Administration qui nous écoutent, que les communes ont la possibilité de réclamer contre la répartition qui est faite entre elles, mais qu'elles ne peuvent rien contre la productivité même.

Je voudrais me tromper et avoir la possibilité d'attaquer la productivité ; cela me donnerait satisfaction ; mais je ne le peux pas.

M. le Directeur des contributions nous a promis qu'il fera son possible pour arriver à un coefficient de plus en plus élevé, mais que sa besogne n'était pas facilitée, du fait que nous sommes en minorité à la commission de taxation, la majorité appartenant à la chambre de commerce.

La chambre de commerce défend les intérêts particuliers de ses membres, et cela se comprend. Mais, le Conseil général, représentant les intérêts de la collectivité entière, devrait avoir la majorité au sein de cette commission.

Certains de nos collègues qui en font partie pourraient nous dire comment fonctionne la commission de taxation et si vraiment c'est la chambre de commerce qui y détient la majorité.

M. Schuman. – Ce qui est à l'ordre du jour, ce n'est pas la réforme de la loi locale ; c'est la question de savoir s'il est opportun d'introduire dans nos trois départements la loi française générale.

Si les critiques que fait entendre M. Alexandre Hoffmann sur le fonctionnement de la loi locale sont fondées et si cette loi nous donne quand même des résultats supérieurs à ceux que nous pourrions attendre de la loi française générale, il est évident que la différence à son profit sera d'autant plus grande, le jour où nous serons parvenus à améliorer ce fonctionnement.

La seule question dont nous sommes saisis ne peut donc, en tout état de cause, recevoir d'autre solution que celle que propose la commission, c'est-à-dire le maintien de la loi locale. Il faut nous en tenir là pour aujourd'hui.

Source : archives départementales de la Moselle, 72 N 20, p. 320-321.

Séance du 3 novembre 1938

Questions communes aux trois départements d'Alsace et de Moselle à l'ensemble des départements du Nord-Est de la France

M. le Président. – J'ai été saisi par M. Schuman d'un projet de motion dont je donne lecture :

> Le Conseil général décide de mettre à profit l'interruption de sa session pour prendre contact avec les « conseils généraux du Bas-Rhin et du Haut-Rhin, en vue d'étudier avec eux et d'acheminer vers une solution satisfaisante les questions communes ci-après :
>
> « 1° Affectation des 50 millions alloués aux trois départements recouvrés par décret-loi du 17 juin 1938 pour venir en aide à l'économie régionale ;
>
> « 2° Expériences faites lors des événements de septembre en ce qui concerne la protection de la population civile de notre région ;
>
> « 3° Réparation des dommages causés et redressement de la vie économique gravement menacée par ces événements mêmes ;
>
> « 4° Préparation d'une coopération entre tous les départements du Nord-Est de la France particulièrement atteints par suite des mesures prises et de la tension internationale persistante.
>
> « Le Conseil général décide de désigner, à cet effet, une délégation de six membres qui sera chargée de se mettre immédiatement en rapport avec les délégations alsaciennes. »

Je donne la parole à M. Schuman, auteur de la proposition.

M. Schuman. – J'ajoute seulement que je me suis mis en rapport, à titre personnel, avec les présidents des conseils généraux du Bas-Rhin et du Haut-Rhin, et que des motions analogues seront proposées à ces assemblées, en vue du même résultat. De sorte que notre initiative n'est pas isolée. Elle ne saurait d'ailleurs avoir d'effet que par le concours parallèle des trois départements d'Alsace et de Moselle. Je peux ajouter que je considère ce concours comme dès maintenant acquis. La réunion est prévue pour le samedi 12 novembre, à Strasbourg. Je demanderai qu'elle ait lieu dans la matinée, afin que tout le temps voulu soit laissé dans la journée à la commission interdépartementale qui sera formée, pour mener à bien ses travaux.

M. le Président. – Nous avons maintenant à désigner les délégués que nous allons envoyer à Strasbourg. Je pense que M. Schuman, auteur de la proposition, voudra bien être du nombre. Y a-t-il d'autres candidats ?

[Sont proposés par divers membres de l'assemblée : MM. Nominé, Wolff, Bémer, Antoni, Corbedaine, Beaudoin, Alexandre Hoffmann.]

M. Beaudoin. – Je remercie celui de mes collègues qui a cité mon nom ; mais je ne puis accepter : je ne serai pas libre le 12 novembre.

M. Alexis Wéber. – M. Corbedaine, qui représente la grande masse des habitants les plus éprouvés, doit faire partie de cette commission. D'autre part, il semble que nous devrions prendre au moins un commissaire dans chacune des quatre commissions du Conseil général.

M. Straub. – Plutôt dans chaque région, en particulier dans la région frontière.

M. le Président. – Je suis saisi de diverses propositions. D'une part, on demande de réserver une place au rapporteur de la commission des finances ; d'autre part, on suggère que toutes les activités de la région doivent être représentées, étant donné que les questions qui vont être discutées intéressent non seulement l'agriculture, mais aussi le commerce, l'industrie et l'artisanat.

Dans ces conditions, les désignations ne peuvent être faites que par un scrutin.

M. Schuman. – Je propose de considérer comme élus, dès le premier tour, ceux de nos collègues qui auront obtenu le plus grand nombre de voix, même si la majorité absolue n'est pas atteinte.

M. le Président. – Êtes-vous d'avis, Messieurs, d'adopter le mode de scrutin proposé par M. Schuman ? Personne ne s'y oppose ? La proposition de M. Schuman est adoptée.

M. Alexis Wéber. – Il est à remarquer que, parmi les noms qui ont été cités tout à l'heure, ne figure aucun représentant du commerce. Je me permets de suggérer la candidature de M. Hennequin.

[Il est procédé au vote, à bulletin secret.]

Résultat du scrutin :

Nombre de votants		33
Ont obtenu :		
MM. Schuman		30 voix
Nominé		29 voix
Bémer		23 voix
Corbedaine		23 voix
Wolff		18 voix
Antoni		17 voix
Hennequin		13 voix
Beaudoin		7 voix

M. Hennequin. – Étant donné que certains bulletins portent seulement le nom de M. Wolff, sans autre précision, et qu'il est impossible de savoir s'ils s'appliquent à M. le Sénateur Wolff ou à M. le Dr Wolff, je me demande si ces bulletins ne devraient pas être considérés comme nuls.

M. le Président. – Il ne peut y avoir aucun doute. M. Wolff, c'est évidemment M. le Sénateur Wolff. La coutume admise dans cette assemblée ne laisse place à aucune contestation sur ce point.

M. Wolff. – Tout le monde sait ici que je ne voudrais pas d'une élection qui serait acquise au bénéfice du doute. Ceci dit et bien qu'il n'y ait pas doute, comme l'a très justement montré M. le Président, je renonce volontiers à aller à Strasbourg et je demande que mon nom soit rayé de la liste.

M. le Président. – M. Wolff demandant lui-même à ne pas faire partie de la délégation qui ira à Strasbourg, sont désignés : MM. Schuman, Nominé, Bémer, Corbedaine, Antoni et Hennequin.

M. Alexandre Hoffmann. – Ne serait-il pas bon de prendre contact aussi avec les autres départements voisins, notamment au sujet des répercussions des événements de septembre ? À la commission que nous venons de nommer pourraient se joindre les délégués de ces départements.

M. Schuman. – Nous n'avons pas encore pris contact avec les autres départements lorrains qui se trouvent dans la même situation que le nôtre. Ce que nous avons voulu, c'est faire immédiatement quelque chose pour les départements du Rhin et de la Moselle qui se trouvent plus spécialement atteints, notamment par les mesures qu'a entraînées la mobilisation partielle. Mais, au quatrième point de l'ordre du jour, est envisagée la coopération de tous les départements du Nord-Est de la France, ce qui montre bien que nous n'entendons pas rester isolés. Nous pensons, au contraire, être d'autant plus forts que nous serons plus nombreux à présenter nos revendications. [Très bien ! très bien !]

M. le Président. – Il est bien entendu que la commission pourra s'adjoindre qui elle voudra.

M. Schuman. – Oui. Il n'y a pas de limitation du nombre des commissaires.

Source : archives départementales de la Moselle, 72 N 20, p. 535-537.

Séance du 14 novembre 1938

Rapport sur la mobilisation partielle de septembre 1938

M. Schuman, rapporteur.

Le Conseil général se rappelle que le premier jour de cette session [le 3 novembre 1938] il a été décidé de prendre contact avec les conseils généraux des départements alsaciens, en vue d'étudier en commun les expériences qui ont été faites lors des événements du mois de septembre.

Nous avions envisagé de rédiger un vœu qui pourrait être commun aux trois départements, et de préparer, d'autre part, une rencontre analogue avec tous les départements du Nord-Est de la France qui ont été eux aussi atteints de façon particulière par la mobilisation partielle.

C'est dans ces conditions qu'a été tenue samedi dernier une réunion à Strasbourg. Mais je dois dire tout de suite qu'une réunion officieuse avait été tenue à Nancy, où s'étaient rencontrés certains de vos délégués et les membres du Conseil général de Meurthe-et-Moselle. Nous avons trouvé dans cette réunion de Nancy, non seulement un accueil tout à fait amical, mais encore une volonté très nette d'entrer dans nos vues, pour une étude commune de tous ces problèmes. Nous avons trouvé à Strasbourg les mêmes dispositions, le même accord pour que tous les départements du Nord-Est (je crois qu'il y en a neuf) qui ont à défendre des intérêts identiques se rencontrent et travaillent ensemble. La réunion projetée aura lieu à Nancy, à une date aussi rapprochée que possible, probablement avant la fin de ce mois.

La réunion de Strasbourg avait un caractère préparatoire ; mais elle a eu aussi cet heureux résultat d'arriver à un texte, qui, dans ses lignes générales, sera proposé aux assemblées départementales d'Alsace comme à celle de la Moselle et probablement adopté par elles.

J'ai à peine le besoin de préciser l'objet de ce vœu. Vous savez que se sont produits, au point de vue militaire comme au point de vue de la population civile, des événements qui ont un peu pris au dépourvu, non seulement la population et les élus, mais aussi les administrations. Nous voulons que de telles surprises ne puissent se reproduire et que toutes les éventualités soient prévues pour l'avenir. C'est à la fois l'intérêt de notre population et celui de la défense nationale ; c'est aussi celui de l'avenir économique de notre région, nous le verrons tout à l'heure.

Vous aurez à discuter diverses têtes de chapitre qui se retrouveront dans le vœu [49-51] que j'aurai à vous soumettre.

Premier chapitre – Les incidences qu'ont eues ces événements sur la vie civile dans la région frontière

Je ne vais que rappeler brièvement ce que vous savez tous. D'abord, la mobilisation de la plupart de salariés, très souvent aussi celle des chefs ont eu pour conséquence la fermeture d'un très grand nombre de petites et moyennes entreprises ; de sorte que la vie économique de la région a été très gravement atteinte.

Nous n'avons nullement l'intention de critiquer les mesures qui ont été prises ; cette question nous échappe et nous avons le sentiment que le gouvernement a dû les prendre dans l'intérêt même des négociations qu'il avait à conduire avec les pays étrangers. Mais il s'agit pour nous d'en marquer les conséquences spéciales à notre région, de faire comprendre aux pouvoirs publics qu'elle a tout particulièrement souffert, qu'on pourra à l'avenir atténuer ces inconvénients, et que, d'autre part, les dommages qui en ont été le résultat nécessitent une réparation intégrale et rapide.

Fermeture d'un grand nombre d'entreprises, parce que, dans nos départements du Nord-Est, il y a eu une mobilisation bien plus généralisée que dans d'autres régions de la France. Pourcentage que j'ignore, mais qu'il est facile de deviner, de réservistes appelés, alors que, dans des régions plus éloignées de la frontière, ce pourcentage a été très inférieur à ce qu'il était ici. C'est la conséquence d'un plan de mobilisation que nous n'avons pas à discuter ; nous constatons simplement un fait.

De plus, une menace certaine a pesé sur la population civile, au point de vue de son alimentation. Par suite de cette mobilisation généralisée, des entreprises qui sont indispensables, surtout à la campagne, à l'alimentation de la population civile (boulangerie, boucherie, laiterie, meunerie, etc.) ont été fermées, et sans l'intervention de M. le Préfet qui s'est manifesté dès le premier jour de la mobilisation, si nous n'avions pas obtenu du gouvernement que les hommes indispensables à l'alimentation des habitants soient maintenus, nous aurions pu nous trouver, dans les deux semaines qui ont suivi la mobilisation, dans une situation extrêmement pénible pour la population non mobilisée.

Il en est de même du service médical. Nous avons constaté que, non seulement les médecins mobilisables, mais même des médecins libérés de toute obligation militaire, parce qu'ils avaient été requis en vertu de la loi de juillet 1938 pour accomplir un service étranger à leur profession, pour être membres de commissions de réquisition, par exemple. Pendant ce temps la population civile risquait de ne pas avoir les soins indispensables, en cas d'accident, d'accouchement ou de maladie subite. Dans le même ordre d'idées, nous avons constaté que des voitures d'ambulance ont été réquisitionnées pour effectuer des transports de marchandises.

D'autre part, la désorganisation a été profonde dans les services publics. Les chemins de fer étaient hors de cause, puisque la mobilisation ne les a pour ainsi dire pas touchés. Mais, dans les PTT, dans les autobus, les réquisitions et les mobilisations ont été nombreuses ; en particulier, les autobus qui, en vertu d'une coordination avant la lettre, avaient remplacé certains chemins de fer, ont été enlevés (je pense notamment à la ligne de Château-Salins), pour être affectés à de services moins indispensables que ceux qu'on mettait ainsi dans l'impossibilité de fonctionner.

Enfin, les administrations préfectorales et municipales ont été gravement désorganisées, par suite des mesures qui ont été prises. Nous avons le sentiment qu'il y aurait lieu, pour des situations de ce genre, de différer pour quelques semaines dans la région menacée d'évacuation, l'appel sous les drapeaux des maires et secrétaires de mairie. Cette mesure ne serait pas prise dans l'intérêt personnel de ceux qu'elle toucherait, pour leur donner la possibilité de « s'embusquer », car ce n'est pas s'embusquer que de rester en permanence en première ligne, en avant même de la ligne Maginot, pour se mettre au service de la population civile, alors qu'il pourrait être moins dangereux de se rendre dans les souterrains de la ligne Maginot elle-même. Nous demandons qu'une mesure soit prise à cet égard, pour que, dans l'intérêt de la population civile, les maires et secrétaires de mairies soient maintenus provisoirement dans l'exercice de leur fonction publique ; on ne peut, en effet, pas demander à chacun d'eux de faire une démarche pour solliciter son maintien provisoire ; c'est d'office qu'une mesure de ce genre doit être prévue.

Voilà une première catégorie de questions que je résume sous cette étiquette : Incidences sur la vie civile de la population frontière.

Deuxième chapitre – *Évacuation de la population civile*

À cet égard, Messieurs, nous avons des revendications très nettes à vous proposer. Nous estimons qu'il est indispensable de faire connaître, dès le temps de paix, avant que les esprits ne soient troublés par une menace immédiate, certaines dispositions du plan d'évacuation. Tous les détails ne pourront pas être révélés ; bien des choses ne doivent certainement pas être rendues publiques, par exemple l'itinéraire choisi pour la population civile. Mais rien ne peut s'opposer, du point de vue militaire, à ce que la population civile intéressée sache comment elle doit se comporter, au moment où l'évacuation sera ordonnée. Il faut qu'on sache quoi faire des archives municipales, quoi emporter ; si on va à pied, combien de kilomètres devront être couverts à pied ; combien de kilogrammes on pourra et on devra emporter ; s'il y a des véhicules pour combien de personnes ; qui aura à commander. Les gens risquent d'être pris au dépourvu et, dans l'affolement général de l'improvisation, emporter des futilités, en négligeant les choses les plus indispensables. Toute surprise doit être évitée et la population civile – j'insiste beaucoup là-dessus – si elle est préparée et instruite de ce qu'elle aura à faire en cas de danger, se sentira beaucoup plus rassurée. C'est là un élément psychologique dont l'importance ne saurait être méconnue.

Il faut aussi que, dès le temps de paix, soit tenue à jour la statistique exacte des personnes, qui, en cas d'évacuation, devraient être transportées : enfants, infirmes, malades. J'ai l'impression que cette statistique n'avait pas été faite et qu'il y aurait eu des surprises.

Il est également indispensable que les maires aient le droit de réquisitionner en temps utile les véhicules nécessaires aux transports qui seront à effectuer, et que l'autorité militaire s'abstienne de les réquisitionner elle-même.

Il faut que les centres de recueil et d'hébergement reçoivent les instructions nécessaires, afin que les réfugiés puissent réellement être accueillis et hébergés. Cela n'a pas toujours été fait, dans les endroits où nos compatriotes devaient arriver après la deuxième ou même la première étape. Je l'ai constaté personnellement en Meurthe-et-Moselle. Cela a été fait en partie, mais pas complètement. De plus j'ai constaté que le choix de ces endroits n'était pas toujours très heureux ; on m'a cité le cas d'un village de 150 habitants qui devait recevoir 700 personnes de notre région. Si cela devait se produire en été, il faudrait craindre des épidémies et des accidents graves. Vous voyez dans quelles situations se trouveraient les malheureux évacués, et aussi les municipalités qui seraient incapables de leur assurer un minimum indispensable.

Il est nécessaire aussi pour éviter certains incidents qui peuvent facilement se produire dans une période d'énervement, que les municipalités et les populations soient averties qu'elles auront à recevoir des gens ne sachant pas ou sachant peu la langue française. Toute possibilité de confusion doit par avance être rendue impossible. Des Français évacués ne sauraient être pris pour des gens destinés à un camp de concentration. Dans une période troublée, les malentendus sont fréquents ; on peut les prévenir, si on donne à temps, dans les centres d'accueil et d'hébergement, les instructions et les avertissements nécessaires.

D'autre part, il y aura lieu de constituer dans chaque commune, des commissions d'évacuation. Le maire seul ne pourra pas conduire tous les habitants de sa commune. Selon l'importance de la population, il faudra que plusieurs représentants de la municipalité, plusieurs citoyens ayant la confiance de tous, se mettent à la tête de différentes colonnes. Ces commissions doivent être formées par le maire lui-même, sur place, car si on les forme un ou deux ans à l'avance, on risque d'avoir eu des décès ou des indisponibilités qui désorganiseraient l'évacuation.

Toutes ces suggestions, nous les donnons sans le moindre esprit critique, mais simplement dans un désir de collaboration, pour mettre à profit l'expérience que nous avons faite.

Nous croyons nécessaire que non seulement le maire, mais le prêtre et le médecin, s'il y en a un dans la commune, accompagnent la population évacuée. C'est là, du point de vue psychologique, un élément extrêmement important. La présence de tous ceux qui doivent être les conseillers et, quand il s'agit de la langue, les interprètes des populations, sera de nature à les rassurer et à éviter beaucoup d'incidents.

Troisième chapitre – La défense passive contre les attaques aériennes

Ici, il faut faire une distinction. Les critiques d'ordre général concernant l'insuffisance et la préparation n'intéressent pas seulement notre région ; elles sont fondées aussi bien pour Paris que pour Metz, Strasbourg ou n'importe quelle grande ville de France. On l'a suffisamment écrit dans les journaux pour que nous ne commettions pas une imprudence en le répétant. Mais notre région n'en est pas moins particulièrement menacée. Nous estimons qu'il serait parfaitement injuste de faire peser toutes les dépenses nécessitées par la défense de la population civile sur les collectivités intéressées. Ceci est vrai non seulement pour la région frontière, mais aussi pour les villes comme Nancy, Paris, etc. La solidarité nationale doit jouer, et ceux qui ont besoin d'être défendus doivent l'être aux frais et avec le concours de tous les Français.

En ce qui concerne plus particulièrement notre région, on a dit à Strasbourg que, pour la population qui sera évacuée, tout au moins, c'est l'État qui devra fournir gratuitement les masques à gaz dont elle a besoin. Il serait d'une ingratitude monstrueuse de demander à ces populations, qui doivent tout abandonner chez elles, de payer 60 ou 80 francs par personne pour l'acquisition de masques à gaz, alors qu'elles ne peuvent pas s'abriter comme les gens qui restent chez eux et doivent traverser une région particulièrement menacée par les bombardements. Il faut que, pour ces populations, d'office et gratuitement, les précautions nécessaires soient prises.

Vous aurez peut-être à ajouter encore quelque chose à cet égard. Je me borne à tracer un schéma que votre commission des vœux ou une commission spéciale pourrait éventuellement compléter.

Quatrième chapitre – La réparation des dommages

Ces dommages concernent d'abord les réquisitions. À cet égard, il y a unanimité à demander que les commissions de réquisition soient composées autrement qu'elles ne l'ont été ; que leur formation ne soit pas le résultat du hasard. Le hasard peut parfois bien faire les choses, mais il ne réussit pas toujours. Nous ne voudrions pas que la valeur d'un cheval fût laissée à l'évaluation d'un plombier ou d'un manœuvre d'usine. On éviterait bien des incidents si la commission chargée de statuer pouvait donner, dès le premier moment, une estimation raisonnable et non un chiffre fantaisiste.

De plus, nous demandons pour le passé, peut-être aussi pour l'avenir, que les barèmes qui ont été obligatoirement appliqués soient révisés. Si je suis bien renseigné, les barèmes qui ont été obligatoirement mis en application et dont les commissions n'avaient pas le droit de se départir remontent à 1935. Vous savez que notamment pour l'agriculture, on était à ce moment-là en pleine crise et quels prix étaient très bas. Il serait profondément injuste qu'en 1938, ou même plus tard, si malheureusement des événements graves devaient se produire, on veuille imposer aux propriétaires dépossédés des prix qui n'ont plus cours.

Que demande le propriétaire exproprié ? Il demande un prix suffisant pour racheter le même objet de même qualité. C'est donc la valeur du remploi qui doit être payée. Si la somme qu'on donne au propriétaire ne représente que la moitié de ce qu'il devra payer pour racheter, cela aboutit à lui imposer une perte injustifiée ; il a consenti un sacrifice en faveur de la nation toute entière ; c'est la nation toute entière qui doit réparer.

Un autre fait moins important, mais qui a une valeur symptomatique, c'est qu'on a refusé systématiquement de rembourser les accessoires, tels que harnais ou brides. Ce sont de petites sommes, parfois 100 francs, 150 francs ; mais ces sommes comptent également. On refuse le remboursement de ces objets à des paysans qui ont renoncé à toute indemnité, même locative, et qui ont mis pendant quinze jours ou plus leur cheval à la disposition de l'autorité militaire. Ils reprennent leur cheval, ne reçoivent rien pour la location et ne retrouvent pas les accessoires qu'ils ont donnés au moment de la réquisition. Encore une fois, ce sont de petites choses ; mais au point de vue psychologique, elles jouent un rôle important. Nous demandons instamment qu'à cet égard, on soit, je ne dis pas généreux, mais juste et qu'on paye ce qu'il faut payer, ce qui est dû.

Enfin, une autre question préoccupe beaucoup les gens. Quand on a restitué les véhicules réquisitionnés et surtout les chevaux, on a usé d'un procédé que nous ne pouvons pas approuver. On a écrit au propriétaire : « Vous pouvez reprendre possession de votre bien ; vous l'aurez tout de suite, mais à condition de souscrire une renonciation définitive à toute indemnité. » Je connais des cultivateurs qui ont fait une cinquantaine de kilomètres pour reprendre leur cheval ; ils sont arrivés le soir ; ils ont trouvé leur bête dans un état peu brillant : ils se sont dit : « On pourra la remonter dans la suite. » Et ils ont signé pour ne pas être venus inutilement. En cours de route, ils ont constaté que le cheval était gravement atteint de maladie ou de blessure. Je connais plusieurs cas où il a fallu abattre la bête. Aujourd'hui l'autorité militaire risque d'invoquer la renonciation qui a été souscrite.

Dans ces cas-là, lorsque le propriétaire a donné sa signature, dans l'ignorance parfois de la langue ou sans connaître l'état réel de l'animal ou de la chose qui n'était pas apparent, il faut envisager honnêtement la situation et considérer comme nulle une signature qui n'a pas été donnée en pleine connaissance de cause. Ces cas-là sont d'ailleurs peu nombreux ; mais les sommes peu importantes pour les collectivités, sont très importantes pour les petits cultivateurs. Je connais dans ma région un agriculteur qui, n'ayant qu'un cheval, a dû l'abattre : il n'a pas touché un centime. Je ne crois pas que le gouvernement veuille une injustice de ce genre.

Pour ceux qui ont un paiement à recevoir, soit qu'on n'ait pas restitué ce qui a été réquisitionné, soit que la restitution ait été incomplète, nous devons demander un paiement rapide. Ici encore, comme il s'agit pour l'agriculteur de racheter ce qui lui a été enlevé, lui donner vite, c'est donner deux fois. De plus, il ne faut pas essayer de payer en bons du Trésor, surtout s'il s'agit de petites sommes ; il faut payer en espèces pour permettre un rachat immédiat. Nous sommes dans le vrai si nous exigeons cela.

Il n'y a pas eu seulement les dommages consécutifs aux réquisitions ; il y a eu aussi les dommages causés aux biens. Ils ont été peu fréquents ; il faut reconnaître que les troupes, tout du moins dans ma région, ont eu une attitude excellente, ne causant ni incidents, ni dommages sensibles ; je n'ai pas eu une seule réclamation. Mais, s'il y en a ailleurs, il importe qu'on soit large dans les expertises et que les paiements soient rapides.

Un autre point intéresse le département mais aussi les communes, c'est l'usure des routes. M. l'Ingénieur en chef nous renseignera à cet égard. Les mouvements de troupes ont causé une usure exceptionnelle de nos routes qui, dans l'ensemble, étaient en bon état. Il n'est pas possible de prétendre que c'est là une usure normale, non susceptible de donner lieu à réparation. Nous devons être rapidement et exactement indemnisés pour des conséquences de ce genre.

Enfin, il faut dire quelques mots de l'allocation aux familles de réservistes. On m'a assuré que, pour quelques communes de ce département, la commission des allocations a fait preuve d'une rigueur excessive, alors qu'en Alsace, les paiements seraient déjà commencés et seraient très larges. Si le fait est exact, nous devons demander une justice plus exacte en faveur des familles des mobilisés de la Moselle. Toutes les fois qu'un mobilisé a perdu son gain dont il avait besoin pour la subsistance de sa famille, il a droit à une compensation, qui d'ailleurs est très faible.

Cinquième chapitre – Le redressement économique de la région

Cette question nous dépasse sensiblement ; là encore, nous devons invoquer le principe de la solidarité nationale. Nous savons très bien que notre région est la plus exposée de France ; nous n'y pouvons rien changer et nous devons accepter d'être le bastion de la patrie. Mais ceci oblige les pouvoirs publics, non seulement à réparer les dégâts matériels que nous avons subis, mais aussi à ne pas négliger ce qui reste menacé pour l'avenir.

Nous constatons, en effet, que les événements du mois de septembre ont jeté un trouble profond dans les esprits et dans les affaires, et que l'inquiétude subsiste. De petites industries, chez nous comme en Alsace, n'ont pas rouvert leurs portes et ont tendance à se transférer à l'intérieur de la France. Il importe d'éviter l'appauvrissement de notre région et de maintenir ce qui existe tout en développant ce qui a insuffisamment fonctionné jusqu'à ce jour.

Comment y parvenir ? Je le dis franchement, je ne crois pas que ce soit à coup de subventions, de facilités de crédit ou d'autres moyens de ce genre. Car ce qui est arrêté, c'est surtout l'investissement des capitaux ; on ne veut plus construire, on constate une dépréciation sensible des immeubles, une désaffection des affaires industrielles. De sorte qu'une offre de crédit ne conduirait pas loin. L'entreprise de grands travaux pourrait, il est vrai, nous aider dans une certaine mesure ; mais je ne suis pas très certain que nous puissions escompter beaucoup ; je ne sais même pas si nous arriverons à maintenir ce que nous considérons comme acquis. Il est évident que des commandes spécialement réservées à notre région par l'État qui est un gros client pourraient aider certaines de nos industries, et nous demandons que des commandes soient réservées par privilège à nos industriels et à nos artisans. Ce sera une aide momentanée. Toutefois, nous ne pouvons pas dissimuler que cela ne nous apportera pas la solution que nous souhaitons. La solution, elle est tout simplement dans la confiance qu'on aura rendue à la population, parce qu'on aura tout fait pour sa protection et aussi par le développement de notre politique étrangère.

Ici, nous pénétrons dans un domaine qui nous échappe. Nous avons tout de même le droit de demander une politique de paix et d'entente internationale. C'est vers cela que nous, représentants de la région frontière, quelles que soient nos opinions, devons nous orienter unanimement. C'est sur ce point que nous devons attirer l'attention des pouvoirs publics.

Nous demandons aussi que l'État donne, à cet égard, le bon exemple. Si nous voulons empêcher que les particuliers désertent cette région, il est nécessaire que l'État ne donne pas l'exemple contraire. Nous avons constaté en Alsace surtout, différents transferts : direction des mines de potasse, direction des chemins de fer etc. Systématiquement, on a replié, transféré des services vers l'intérieur du pays. Il est possible que certains établissements doivent être éloignés de la frontière, pour d'impérieuses raisons militaires que nous n'avons pas à discuter. Mais, dans l'ensemble, ce n'est pas à l'État de donner lui-même le signal de la panique, s'il ne veut pas que nous soyons débordés ; il serait inutile que nous discutions, si les services publics devaient donner eux-mêmes le fâcheux exemple.

Enfin,

Dernier chapitre – Les mesures militaires

Là encore, notre incompétence est notoire. La commission interdépartementale réunie à Strasbourg a pensé que nous devons nous borner à demander que le Conseil général donne mandat aux parlementaires d'exposer aux pouvoirs publics, au gouvernement et aux commissions parlementaires, les graves inconvénients qu'a révélés l'actuel système de mobilisation. Nous avons constaté (et nous sommes reconnaissants à M. le Préfet d'avoir bien voulu le souligner) que notre population, unanimement et sans défaillance, a pris part et même au-delà de sa part, au point de vue strictement numérique, dans les sacrifices que nécessitait la sécurité du pays. Elle continuera de le faire. Mais il faut qu'en tout point de vue, nous ayons le sentiment que le principe de solidarité et de l'égalité dans les sacrifices joue pour l'ensemble du territoire français. C'est en demandant cela que nous pouvons servir non seulement ceux qui nous ont mandatés, mais la France toute entière et la cause qui nous est commune. [Vifs applaudissements.]

Après une longue discussion, le président Robert Sérot met aux voix les conclusions rapportées par M. Schuman, d'accord avec les délégations des départements du Bas-Rhin, du Haut-Rhin et de la Moselle et qui sont les suivantes :

Le Conseil général, s'inspirant des expériences faites lors des événements de septembre et constatant les répercussions qu'ils ont eues dans le département, émet les vœux ci-après :

I. Incidences sur la vie civile de la région frontière

Il est nécessaire d'éviter que, lors d'une mobilisation partielle, un trop grand nombre d'entreprises industrielles, artisanales et commerciales, soient acculées à la fermeture immédiate, par suite du départ du personnel indispensable à leur fonctionnement. Les services militaires que sont capables de rendre ces mobilisés ont parfois moins de valeur que les services qu'ils rendraient dans leur profession.

La mobilisation doit laisser à la population civile les boulangers, bouchers, laitiers, ainsi que les véhicules nécessaires à son alimentation. Le service médical est à assurer par le maintien d'un nombre suffisant de praticiens ainsi que des voitures d'ambulance qui sont à exempter de toute réquisition militaire.

Certains services publics ne doivent plus être désorganisés, tels que les PTT, les transports par autobus remplaçant une ligne de chemin de fer supprimée, les administrations préfectorales et municipales.

Un appel différé est à prévoir pour les maires et les secrétaires de mairie de la région menacée d'une évacuation immédiate.

II. Évacuation de la population civile

Il est indispensable de faire connaître déjà en temps de paix l'essentiel du plan d'évacuation, sauf peut-être l'itinéraire. Les municipalités et les habitants sont à initier par des conférences spéciales. La statistique des enfants et des infirmes à transporter doit être tenue à jour. Le maire aura la faculté de réquisitionner les chevaux et les véhicules nécessaires à ce transport et que l'autorité militaire doit s'abstenir d'enlever. Les centres de recueil et d'hébergement doivent recevoir les instructions et être munis des installations indispensables (couchage, eau, etc.) ; ils sont à avertir également du fait qu'un grand nombre d'évacués ne parlent pas la langue française. La commission d'évacuation municipale est formée sur place par le maire. Celui-ci, ainsi que le prêtre et le médecin, auront à accompagner les évacués.

Il y a lieu d'éviter l'apparence que l'évacuation des familles militaires serait plus soigneusement préparée que celle de la population civile.

Il faut, enfin, une révision du plan d'évacuation, par une meilleure coordination entre les services civils et militaires, tant dans la préparation que dans l'exécution de ces mesures.

Toutes les circulaires destinées aux communes bilingues doivent être rédigées dans les deux langues.

III. Défense passive

Des masques à gaz seront à distribuer gratuitement à la population, notamment à celle menacée d'une évacuation. Les insuffisances de la défense passive et la création des ressources nécessaires sont un grave problème général intéressant l'ensemble du pays, mais particulièrement préoccupant pour la région frontière, où tout sentiment de sécurité a fait défaut.

IV. Réparation des dommages

Les commissions de réquisition doivent être composées d'hommes compétents, capables de faire une évaluation juste. Le barème des prix, des indemnités journalières et des indemnités de cantonnement sont à réviser avec effet rétroactif et à adapter aux prix actuel. Les accessoires (harnais, etc.) sont à indemniser également. Dans beaucoup de cas des renonciations ont été souscrites dans l'ignorance de la langue française, ou des dommages qui se sont révélés après la restitution des bêtes ou des véhicules : la révision de ces cas est une question d'équité et de bonne foi.

Les indemnités devront être payées sans délai et en espèces.

Les autres dommages aux biens, notamment l'usure des routes, doivent donner lieu à une réparation intégrale et rapide.

L'allocation aux familles de réservistes est à accorder dans tous les cas où le mobilisé a été privé de son gain habituel, base normale et essentielle de leur subsistance.

V. Redressement économique

En vertu du principe de la solidarité nationale, la France se doit de venir en aide aux départements de la frontière par des subventions spéciales accordées aux collectivités locales et à la production régionale ; par des facilités de crédit ; par l'exécution des grands travaux ; par des commandes exceptionnelles à nos industries et à nos artisans. Les représentants des trois départements recouvrés devront être admis à défendre leurs intérêts particuliers. L'essentiel est, cependant, le retour à la confiance, grâce au sentiment qu'aura la population travailleuse d'être protégée ; grâce surtout à une politique de paix et de détente internationale, qui évitera le retour des graves alertes qui paralysent toute activité. L'État doit donner l'exemple de cette confiance, en maintenant ou en réinstallant dans cette région tous les services dont le transfert vers l'intérieur du pays n'est pas strictement inévitable.

VI. Mesures militaires

Le Conseil général donne mandat aux parlementaires d'exposer aux pouvoirs publics les graves inconvénients qu'a révélés pour cette région l'actuel système de mobilisation.

[Adopté à l'unanimité.]

Source : archives départementales de la Moselle, 72 N 20, p. 547-559.

Séance du 18 novembre 1938

Vœu n° 66 – Conservation des antiquités et objets d'art

Présenté par M. Schuman, avec MM. le Dr Kirsch, Ménétrier, Nominé, l'Abbé Wéber et rapporté par M. Alexis Wéber.

Le Conseil général demande que la conservation des objets d'art et antiquités soit organisée en Moselle d'après les mêmes principes que ceux appliqués dans les autres départements français et qu'ainsi soit plus efficacement empêchée la disparition ou mutilation des précieux vestiges de notre passé.

La sous-commission des vœux propose au Conseil général de demander à M. le Préfet toute action utile dans le sens préconisé par le vœu.

M. Schuman. – Nous constatons de plus en plus le pillage des œuvres d'art qui se trouvent en la possession des particuliers. Des antiquaires, des marchands, venant parfois de très loin, font dans les villages de véritables rafles d'objets qui sont transportés à l'étranger, en Amérique notamment. Il faut s'opposer à ce vandalisme.

Adopté.

Source : archives départementales de la Moselle, 72 N 20, p. 683.

Séance du 17 mai 1939

N° 86 – Services départementaux d'assistance

[...]

M. Schuman. – Mes chers collègues, il est intéressant, pour le Conseil général, de savoir où nous en sommes de l'application de la législation française d'assistance publique, introduite dans les départements d'Alsace et de Moselle avec effet du 1er janvier 1939.

Je dois faire une remarque préalable. Le délai d'application était beaucoup trop court. Le décret-loi introductif est du 12 novembre 1938, de sorte que la préparation devait se faire en six semaines, ce qui est vraiment insuffisant. Nous l'avons souligné la dernière fois, pour faire comprendre à tous les intéressés qu'il n'y aurait aucune responsabilité pour l'administration départementale, si la loi ne fonctionnait pas normalement dès le premier jour. Je suis heureux de pouvoir constater que ce délai a presque suffi pour une mise en application rapide de la nouvelle loi. Il y a quelque flottement dans les petites communes qui font preuve d'une certaine méfiance, parce qu'elles croient, à tort, que la charge des indigents pour lesquels elles proposent l'assistance retomberait sur elles. C'est une erreur. La part des communes dans ces dépenses sera totalisée pour l'ensemble du département et répartie forfaitairement entre elles, selon un barème que nous avons voté hier, de sorte que même les communes où il n'y a pas d'indigents paieront comme si elles en avaient. Il faut dire cela aux maires intéressés, afin de dissiper une incompréhension qui serait contraire à l'esprit de la loi.

Ceci dit, je félicite l'administration départementale d'avoir agi dans des délais extrêmement courts, d'une façon telle que nous pouvons constater aujourd'hui un fonctionnement satisfaisant de la loi dans l'ensemble du département.

Au point de vue financier, si nos prévisions se confirment, l'application de la loi française se traduira par une économie pour le département, mais il y aura accroissement des dépenses pour les communes qui, jusqu'ici, n'avaient fait aucun effort en matière d'assistance, ce qui est le cas de la plupart des petites communes rurales ; quant aux communes qui avaient déjà fait preuve d'initiative sociale, elles seront plutôt déchargées.

La part de l'État, pour les trois départements, est chiffrée à 40 millions pour 1939. Ce sont donc 40 millions qui viendront en Alsace et en Moselle, au profit de nos indigents.

Nous sommes dans l'incertitude ; en ce qui concerne les dépenses de l'assistance médicale gratuite ; nous venons seulement de voter le tarif médical et pharmaceutique. Quelle sera l'incidence de ces dépenses ? Nous n'avons à ce sujet aucune donnée précise. En Meurthe-et-Moselle, la dépense est de 8 millions, mais il y a lieu de signaler une circonstance qui m'a été rapportée ce matin par le Docteur Hoffmann : en Meurthe-et-Moselle, comme dans tous les anciens départements, les assurances sociales participent dans une mesure beaucoup plus large que celles de la Moselle dans les soins médicaux accordés aux familles des assurés. J'aurai à dire un mot tout à l'heure sur ce point.

Je crois donc que nous dépasserons nos prévisions budgétaires. Si les chiffres restaient tels qu'ils sont actuellement inscrits, nous aurions à prévoir une dépense de 900 000 francs, restant définitivement à la charge du département. Mais, cette dépense sera plus que compensée par la contribution nouvelle que nous recevons de l'État, en ce qui concerne les aliénés. Nous aurons là une recette certaine de 1 500 000 francs. De sorte que, même si les dépenses pour l'assistance médicale gratuite devaient dépasser nos crédits, il y aurait, pour le moins, compensation à peu près exacte entre les recettes nouvelles afférentes aux aliénés et les charges nouvelles résultant de l'assistance médicale gratuite.

En ce qui concerne la loi de 1905 sur les vieillards, infirmes et incurables, voici la situation.

Pour les vieillards, c'est-à-dire les personnes ayant atteint l'âge de 70 ans, dont les ressources ne dépassent pas un certain chiffre fixé par la loi, est allouée une allocation forfaitaire moyenne de 800 à 900 francs par an qui sera payée : 40 % par l'État, 30 % par les communes, 30 % par le département.

Quelle sera l'importance de cette dépense ? Il est difficile de le dire, parce que nous ne savons pas quel est le nombre des vieillards qui, restant dans leur famille, recevront cette allocation.

Ce qui est plus onéreux pour le département, ce sont les vieillards hospitalisés. À cet égard, notre situation sera plus facile à l'avenir qu'elle n'était dans le passé. Jusqu'ici, nous avions deux catégories de vieillards, dans les hospices : ceux qui avaient le domicile de secours communal et ceux qui avaient le domicile de secours départemental. Pour les premiers, les communes payaient 70 % et le département 30 %

des frais d'hospitalisation, alors que, pour les seconds, le département devait assumer la totalité de ces frais.

À l'avenir, pour les deux catégories, le département ne payera plus que 30 %.

Je fais abstraction de la contribution que nous pouvons trouver dans les familles.

Vous voyez que nous n'avons qu'à gagner, par rapport à la situation antérieure.

En ce qui concerne les infirmes et les incurables, la situation sera bien meilleure encore. Ceux qui ont le domicile de secours communal étaient pour deux tiers à la charge du département, en vertu d'une convention qui existait entre le département de la Moselle et les communes. Désormais, au lieu des deux tiers, le département ne payera plus que 30 %, les 70 % restants devant être répartis entre les communes et l'État.

Quant aux infirmes et incurables qui avaient le domicile départemental et étaient entièrement à la charge du département, nous n'aurons plus à payer également que 30 %, le reste étant supporté par les communes et par l'État.

Je crois donc pouvoir affirmer que la situation, au point de vue du département, sera améliorée.

Dans quelle mesure ? Impossible de le chiffrer. J'ai tenu seulement à mettre le Conseil général au courant d'une façon générale, et d'aider chacun de nous à faire connaître autour de nous le mécanisme de la nouvelle loi.

Deux remarques encore. Au point de vue des assurances sociales, nous sentirons plus que par le passé la différence entre le régime local et le régime des autres départements. En effet, il va se produire ceci : les assurés de nos caisses de malades ont personnellement la gratuité complète des frais médicaux et pharmaceutiques, alors que, dans les autres départements, ils doivent participer à ces frais, étant donné que c'est le tarif de responsabilité qui joue. Mais, en ce qui concerne les membres de la famille, l'assuré doit faire face dans une large mesure aux frais d'hospitalisation et d'intervention chirurgicale ; nos caisses de malades n'accordent que des contributions extrêmement variables, ordinairement très réduites. Dans certaines caisses rurales, comme à Château-Salins, cette contribution est minime. Donc, les membres de la famille de l'assuré social risquent d'être à la charge de l'Assistance publique, et cela grèvera notre budget.

C'est pour cela que nous devons demander, dans l'intérêt de nos finances départementales, une mise en concordance entre les deux régimes d'assurances sociales, et il serait indiqué de le signaler à la commission qui vient d'être instituée pour examiner la révision de nos assurances sociales.

Dernière remarque. C'est celle qui m'a été suggérée par M. le Docteur Hoffmann. Il s'agit des hôpitaux. De même que nous avons accepté, dans le domaine de l'assistance, à juste titre, la liberté du choix du médecin, nous devons assurer la liberté du choix de l'hôpital. Cette seconde liberté est même une conséquence de la première, le médecin étant souvent attaché à un hôpital déterminé. Le Conseil général peut prendre une décision dans ce sens. L'indigent doit avoir la possibilité de choisir son hôpital, à condition qu'il n'en résulte aucune dépense supplémentaire, et que l'hôpital privé auquel il s'adresse soit agréé et donne toutes les garanties au point de vue de son fonctionnement intérieur.

Voilà, Messieurs, ce que je voulais dire à ce sujet. Il me paraissait utile de faire très brièvement le point. [Applaudissements.]

M. le Président. – Je remercie M. Schuman des précisions qu'il vient de nous donner sur le fonctionnement de cette loi, en particulier sur l'incidence qu'elle peut avoir sur nos finances.

M. Schuman. – Sous toutes réserves, bien entendu.

M. le Président. – Je mets aux voix les conclusions du rapport.

Adopté.

Source : archives départementales de la Moselle, 72 N 21, p. 262-263.

Vœu n° 3 sur les étrangers résidant en France

Présenté et rapporté par M. Alexis Wéber.

[Lecture du vœu.]

M. Schuman. – Qu'est-ce que la loi de germinal ?

M. Alexis Wéber, rapporteur. – Je ne l'ai pas ici, cette vieille loi. Dans le cas où vous voudriez vous amuser, je pourrais vous citer des exemples de noms francisés.

M. Schuman. – Si le changement de nom a été autorisé par décret, il est légal.

M. Alexis Wéber, rapporteur. – N'empêche que c'est stupéfiant. Voici quelques exemples :

Souvent, il suffit d'une simple traduction du nom original : M. Straus demande à s'appeler M. Bouquet, M. Neustadt se mute en M. Neuville. Dans d'autres cas, la traduction semble présenter trop de difficultés, et l'impétrant choisit un nom de fantaisie. Le mot Grünspan désigne, en allemand, le vert de gris ; M. Grünspan n'a pas jugé cette appellation suffisamment élégante et a préféré s'appeler M. Pathé. D'autres se contentent de franciser leur prénom et d'en faire leur nom patronymique : M. Julius Gluckman devient M. Julius ; M. Schimsewitsch Adolph devient M. Adolphe ; M. Marcus Osias devient M. Marquet ; M. Schaiappapetra prend le nom de Chappe. Quand l'adaptation s'avère trop difficile, le candidat choisit un nom français quelconque :

M. Djiropoulos devient M. Giraud ; M. Gesundheit prend le nom de Gérard ; M. Vodopivetz devient M. Deleschamps ; M. Ratsimishara se mue en M. Paulin. [Hilarité.]

Vous voyez, Messieurs, jusqu'où cela peut aller. Même si c'est légal, il importe de parer le coup, pour que cela ne continue pas.

M. Schuman. – La publication au *Journal Officiel* donne à tout citoyen français le droit, pendant une année, de protester contre les changements de nom.

Il y a dans ces changements quelque chose de choquant et de dangereux, parce que ceux qui en bénéficient peuvent être des hommes au passé chargé, sur lesquels il devient impossible d'obtenir le plus petit renseignement.

Seulement, c'est une question d'exécutif qui nous dépasse. C'est le Président de la République qui accorde le droit de changer de nom. On peut émettre un vœu pour qu'il ne soit fait usage de cette possibilité que dans des limites extrêmement restreintes.

Je signale que certains parlementaires ont voulu rendre obligatoire la francisation des noms étrangers. Vous voyez que les conceptions sur la matière peuvent être extrêmement différentes les unes des autres. Cela avait même été voté au Sénat ; c'est la Chambre qui a modifié le texte.

[…]

Source : archives départementales de la Moselle, 72 N 21, p. 278.

Séance du 3 novembre 1945

Vœu n° 69 concernant l'introduction
intégrale des lois françaises en Moselle

M. Schuman. – Messieurs, vous allez voter, à l'unanimité, je crois le même texte, le même vœu : c'est vous dire que ce débat se déroule dans une sérénité complète. C'est une atmosphère dont tout le monde ici se félicite, puisque nous partageons tous cet état d'esprit dont parlait notre collègue, M. Psaume, cet esprit patriotique qui nous anime tous.

Nous sommes aussi d'avis que sur la conclusion pratique à laquelle nous voulons aboutir, nous pouvons nous mettre d'accord. Nous voulons tous – comme cela a été dit par d'autres, bien qu'avec quelques nuances – nous avons tous affirmé que nous voulions la même chose, c'est-à-dire l'unification des lois et des institutions dans l'ensemble de la France.

Nous le voulons, non pas seulement sur un plan théorique, mais pour des raisons pratiques, parce que nous estimons qu'on ne peut pas indéfiniment maintenir un état de choses particulier à ces trois départements.

Nous le voulons aussi, pour nous conformer à la tradition de la France, qui depuis la grande révolution, a instauré partout la même législation.

Ceci dit, il s'agit de savoir avec quel rythme et quelles modalités on procédera à cette réforme.

Nous avons fait des progrès sensibles dans cette voie. Parfois, on raisonne comme si on avait perdu son temps et qu'on n'avait rien voulu faire depuis vingt-cinq ans.

Pour être juste, il faudrait se remémorer – je n'ai pas l'intention de le faire maintenant – ce qui a été accompli dans le domaine de l'unification législative.

Nous sommes quelques-uns ici à avoir été associés étroitement à ce travail, notamment au sein du Comité consultatif de Strasbourg, créé spécialement pour cela.

Il reste, certes, diverses lois qui ne sont pas unifiées. Ce n'est pas le hasard qui a fait que ces lois aient été réservées.

Elles l'ont été en raison de difficultés particulières, et non pas seulement de difficultés d'ordre politique. En effet, il y avait aussi des difficultés, des obstacles d'ordre technique.

Nous avons eu hier le débat sur le régime fiscal. Nous avons maintenant l'unification, mais elle nous cause encore à l'heure actuelle des appréhensions sérieuses. Nous nous trouvons devant des inconnues graves. Il est probable que nous aurons en cours de route à faire des retouches sérieuses, et à demander qu'on réforme certaines parties de ce régime nouveau, non pas spécialement pour nous, mais pour l'ensemble de la France.

Nous avons aussi eu ces jours-ci une unification importante : c'est l'introduction dans notre département de la caisse autonome. J'ai déjà entendu des réserves sérieuses qui ont été formulées ; des précautions restent à prendre, afin de ne pas léser des intérêts absolument légitimes de nos ouvriers mineurs.

Il y a encore d'autres domaines dont n'a pas parlé M. Psaume : tel celui de la loi municipale, bien que ce problème qui est d'ordre technique présente un aspect politique, qui ne soulève peut-être pas la même émotion que le problème qui est évoqué ici.

La loi municipale intéresse le personnel ; elle intéresse toutes les municipalités, surtout à l'heure actuelle, où il s'agit, dans le cadre de la reconstruction, de savoir utiliser au maximum la liberté, l'autonomie laissée aux municipalités. Je crois qu'il y a là une étude à faire, et que nous pourrons arriver à une réforme valable pour toute la France. Mais il serait imprudent de vouloir dès maintenant unifier brusquement.

Ces lois locales ne sont pas des lois allemandes, mais ont été faites par les Alsaciens et les Lorrains réunis dans leur Parlement à Strasbourg, en 1895, et tendent à assurer une liberté d'action considérable à nos communes.

Il y a les assurances sociales, domaine considérable. Je sais que le principe d'unification est déjà exprimé dans le texte d'une ordonnance intervenue il y a quelques semaines. Mais il reste toute la mise en œuvre de ce régime nouveau qui n'est pas sans risques.

Il y a d'autres problèmes qui vont se poser dans différents domaines. Nous avons tous la volonté de nous atteler à cette tâche, sans passion et sans parti pris. Nous voulons les aborder avec la même sérénité dont nous faisons preuve aujourd'hui. Cela ne veut pas dire que nous soyons prêts à tout sacrifier à l'aveugle, sans examen préalable. Ce serait ; je crois, faire acte de citoyens insuffisamment conscients de leurs droits et de leurs devoirs.

Nous sommes pour la démocratie, qui est l'essence même de notre pays ; nous voulons nous servir des libertés du citoyen et librement discuter les problèmes qui se posent.

Et j'en arrive au problème évoqué tout à l'heure par M. Psaume, le problème scolaire.

Évidemment, il y a là une tâche plus délicate parce qu'il s'agit non seulement d'une question technique, d'une conception politique, mais de phénomènes psychologiques, particulièrement respectables.

Je me plais à reconnaître que le ton sur lequel ceci a été dit par M. Psaume est digne d'éloge et je rends hommage à son effort d'objectivité.

L'existence d'une loi locale n'a pas porté atteinte au patriotisme de nos populations : il était utile de le souligner.

La plupart des enfants sont passés par l'école confessionnelle ; je ne crois pas que, de ce fait, il y ait eu chez eux une insuffisance de patriotisme. Je crois même que nous pourrions facilement faire la preuve contraire.

D'après M. Psaume, notre régime serait un régime d'oppression, alors qu'il nous faudrait la liberté de conscience.

Inutile de souligner que nous aussi sommes partisans, par principe et par conviction, de la liberté de chacun, non seulement des minorités, mais de chaque individu, et aucun enfant ne doit être lésé dans sa conscience, telle qu'elle se forme dans le milieu familial.

Je reconnais qu'il y a un problème délicat à résoudre et qui ne sera peut-être jamais entièrement résolu, dans aucun régime, je veux dire le problème des minorités scolaires, dans les petites localités surtout. Mais ceci est avant tout une question de tact de la part du personnel enseignant. Je crois que dans l'ensemble on peut affirmer que le nombre des incidents est minime eu égard aux longues années que nous avons vécues sous le régime de notre législation.

Le fait est, que depuis 1918, nous avons eu une entente complète entre les différentes catégories de citoyens, quelles que soient leurs convictions, leurs idées philosophiques ou religieuses. Nous pourrions servir d'exemple à beaucoup d'autres régions de France. Je ne voudrais pas insister sur ce que nous avons constaté sur l'opposition entre deux systèmes scolaires qui, dans un même village, s'opposent et quelquefois se combattent. Je ne crois pas que ce soit une solution meilleure que celle que nous avons chez nous.

Nous ne songeons pas à vouloir imposer notre régime à l'ensemble de la France. Nous considérons, au contraire, qu'il doit exister le moyen de trouver une troisième solution qui puisse réunir le maximum de suffrages et faire l'union complète.

Parler de solution de division comme caractérisant notre régime local, est profondément injuste et contraire à notre expérience de chaque jour.

Vous avez parlé tout à l'heure de l'École normale protestante de Strasbourg. Il n'y avait rien de désobligeant pour une jeune fille protestante d'aller se perfectionner dans une école confessionnelle protestante d'un autre département.

De même, je crois qu'il n'y a rien de choquant à voir un Conseil général voter chaque année une subvention pour cette école. C'était précisément en vue de faire respecter et faire jouer la liberté de conscience, dont nous sommes très partisans.

Enfin, dernière remarque. M. Psaume dit : « Il faut absolument accepter cette unification, parce qu'il s'agira un jour de rattacher le bassin de Briey à la Moselle. »

La question du rattachement de Briey est du domaine économique, ou du domaine politique, comme on voudra, mais elle ne saurait servir d'argument dans la discussion qui nous occupe aujourd'hui.

Nous ne voudrions pas subir une pression quelconque de ce fait. Quand on vous dit : « Vous aurez l'avantage de pouvoir rattacher le bassin de Briey à la Moselle », on devrait ajouter qu'il y a aussi certains désavantages. Nous devrions abandonner Sarrebourg, par exemple. En vérité, il faut, dans ce domaine, consulter les populations intéressées ; mais laissons séparées des questions qui n'ont rien à voir l'une avec l'autre.

Enfin, vous avez dit, Monsieur Psaume, que nous devons agir en quelque sorte d'après les indications qui ont été fournies par les électeurs. Eh bien ! les électeurs ont voté dans le sens que nous allons définir dans le texte que vous propose la commission. C'est exactement cela qu'ont voulu les électeurs. Ils n'ont pas voulu qu'on fasse une assimilation, une unification unilatérale, sans réformes. Je parle de ceux qui, avec moi, ont défendu une telle thèse très clairement, et je parle aussi des autres qui ont dit : « Nous voulons l'unification législative de la France et de l'Alsace-Lorraine, non pas par l'introduction pure et simple des lois laïques, mais par une refonte de la législation française par la Constituante, le mois prochain. »

Voyez-vous, c'est toujours la même idée. Le problème consiste à trouver une solution, non pas seulement dans notre intérêt à nous, mais dans l'intérêt de toute la France.

Nous voulons que notre pays, qui est arrivé à résoudre tant de problèmes et a servi d'exemple dans tant de domaines, puisse enfin, à la suite d'autres pays limitrophes, réussir à faire la paix autour de l'école, autour de l'enfant, et trouve une solution qui soit vraiment définitive, dans la paix, dans la concorde, pour la justice et pour le progrès. Voilà ce que nous voulons. Nous le jugeons possible, donc nécessaire et urgent.

M. le Dr Burger. – À propos des assurances sociales, je crois que la nouvelle loi sur la sécurité sociale sera bien plus efficace. Si nous ne profitions pas de cette mesure, la population serait gravement lésée.

Cette loi sur la sécurité sociale comprend des assurances-maladies, des assurances-accidents, que nous avons déjà, c'est entendu, mais elle comprendra aussi nombre d'organismes.

D'autre part, cet organisme va disposer d'un budget considérable ; j'ai entendu dire que cela atteindrait de 80 à 100 milliards par an.

M. Schuman. – Non, on prévoit 28 milliards de cotisations annuelles.

M. le Dr Burger. – C'est déjà beau. Ces 28 milliards – admettons ce chiffre – vont servir tout d'abord à régler les affaires courantes, mais il restera un reliquat. Or, je sais que ce reliquat, dans la pensée du législateur, doit servir à l'équipement sanitaire de tout le pays. Nous savons que la France est très en retard sur d'autres pays à cet égard. J'irai même plus loin, et je dirai que notre département, au point de vue équipement sanitaire, est à la queue de tous les départements français.

Si donc nous n'acceptions pas l'unification, si nous restions en dehors de cet organisme, nous ne pourrions pas profiter de ces avantages.

M. le Président. – Messieurs, je crois qu'il y a accord unanime sur le vœu. Le voici tel qu'il a été rédigé par votre sous-commission

Le Conseil général demande l'unification de toutes les lois et institutions sur l'ensemble du territoire français. Il considère toutefois comme indispensable, afin qu'une telle mesure ne prenne pas pour notre département l'aspect d'une régression, qu'elle soit précédée ou accompagnée des réformes indispensables dans l'intérêt de toute la France, réformes à l'élaboration desquelles les élus du département apporteront le concours de leur expérience particulière.

Adopté.

Source : archives départementales de la Moselle, 628 PER (1945), p. 346-348.

Séance du 18 mai 1948

Présidence de M. Robert Sérot

Ouverture de la séance.

M. le Président. – La séance est ouverte.

Mes chers collègues, je serai certainement votre interprète en remerciant M. le Président du conseil d'avoir bien voulu distraire une journée de ses importantes occupations.

Nous lui sommes reconnaissants d'assister à la séance d'aujourd'hui, de nous apporter ses conseils, de nous éclairer de ses avis autorisés. Il montre ainsi, une fois de plus, son attachement au département de la Moselle.

Je n'ai pas besoin de lui dire quels sentiments inspirent tous ses collègues du Conseil général. Ils sont aussi ceux de toute notre population. Je lui exprime seulement les vœux les plus sincères de réussite dans la reconstitution de la France qu'il a entreprise pour le mieux-être de ses enfants, pour la paix intérieure comme pour la paix extérieure. [Vifs applaudissements.]

[…]

Source : archives départementales de la Moselle, 628 PER (1948), p. 142-143.

ANNEXE 13

Séance du 30 mars 1949

Présidence de M. Jules Wolff, doyen d'âge

Le président d'âge. – [...] J'en aurais fini, mes chers collègues, si je ne tenais, et vous pouvez le comprendre, en m'inspirant de l'idée que je vous exposais tout à l'heure, à exprimer notre sympathie à notre ancien collègue, M. Robert Schuman.

Vous serez tous d'accord avec moi, j'en suis certain, pour adresser nos souhaits sincères au ministre des Affaires étrangères, qui assume une tâche lourde et délicate, et qui l'assure avec son patriotisme de Lorrain mosellan et avec son sens clair et avisé des réalités. [...]

M. Louis Périllier, inspecteur général de l'Administration, préfet de la Moselle. – [...] Je voudrais, tout particulièrement, m'associer aux paroles que M. le président Wolff a prononcées à l'adresse de M. le président Schuman. En nous plaçant, comme c'est le devoir de l'Administration, sur le seul plan de l'intérêt public, nous regrettons que cette assemblée soit désormais privée du concours de sa grande expérience, tout en reconnaissant qu'il lui était bien difficile de concilier la charge de conseiller général avec la lourde tâche qu'il assume au service du pays.

Dans l'accomplissement de cette lourde tâche, nous savons, nous, avec quelle haute conscience, avec quel courage et avec quelle clairvoyance M. Schuman défend chaque jour les droits et les intérêts de la France. Au moment où il part pour l'Amérique, nous lui adressons une pensée très déférente et nous formons des vœux pour le succès de sa haute mission [...].

Source : archives départementales de la Moselle, 628 PER (1949), p. 3-4.

Sources et bibliographie

Sources

Sources imprimées

Délibérations du Conseil général de la Moselle

Presse

Le Lorrain
Le Courrier de Thionville
Le Républicain lorrain
Metzer Freies Journal
La Libre Lorraine
Lothringer Volkszeitung

Témoignages

ANTONI, Victor, *Grenzlandschiksal, Grenzlandtragik*, Sarrebrück, Funk, 1957.

Bibliographie

Il faut placer en tête l'article de Jacques HENNEQUIN, « Robert Schuman conseiller général de la Moselle (1937-1949) », in *Mémoires de l'Académie nationale de Metz*, série VII, tome XXIII, 2010, p. 191-217. Cet article a été le point de départ de cette recherche et de ce livre.

BAUDON E. L., *Les Élections en Moselle, 1919-1956*, Metz, Coopérative d'édition et d'impression, 1956.

DIWO, Gérard, *Les Forces politiques en Moselle (21 octobre 1945-17 juin 1951)*, thèse université de Metz, 1992.

EL GAMMAL Jean (sous la direction de), *Dictionnaire des parlementaires lorrains de la Troisième République* Metz, Serpenoise, 2007.

ROTH, François, « Édouard Jaunez, le Grand-Duc sans couronne de Lorraine », in *Les Lorrains entre la France et l'Allemagne : itinéraires d'annexés*, Metz/Nancy, Serpenoise/Presses universitaires de Nancy, 1981, p. 77-111.

ROTH, François, « Georges Ditsch », in *Les Lorrains entre la France et l'Allemagne, op. cit.*, p. 49-73.

ROTH, François, « Alexis Wéber », in *Les Lorrains entre la France et l'Allemagne, op. cit.*, p. 57-207.

ROTH, François, « Alfred Lamy, 1845-1925, un Lorrain du Saulnois au temps de l'annexion », in *Les Cahiers Lorrains*, 2006, p. 69-79.

ROTH, François, *Robert Schuman : du Lorrain des frontières au père de l'Europe*, Paris, Fayard, 2008.

ROTH, François, « Un journaliste messin du début du vingtième siècle : l'abbé Charles Ritz, directeur politique du *Lorrain* », in *Mémoires de l'Académie nationale de Metz*, 2009, p. 263-279.

ROTH, François, « Les Associations catholiques dans la Lorraine annexée à l'Empire allemand, 1890-1918 », in *La Société civile organisée aux XIXe et XXe siècles : perspectives allemandes et françaises*, Lille, Septentrion, 2010, p. 347-361.

ROTH, François, *La Lorraine annexée, 1870-1918*, 3e éd., Metz, Serpenoise, 2011.

Index

La Maison de Robert Schuman

Un lieu pour comprendre l'Europe

C'est dans la quiétude de sa demeure de Scy-Chazelles, sur les coteaux du pays messin, que Robert Schuman a médité la proposition audacieuse de Jean Monnet et décidé d'assumer, par la déclaration fondatrice du 9 mai 1950, le projet politique – que la postérité a retenu sous le nom de « Plan Schuman » – qui initiait la réconciliation franco-allemande et allait donner corps à la construction européenne.

Conscient de la nécessité de sauvegarder le site qui porte l'empreinte du « Père de l'Europe », le Conseil général de la Moselle, a entrepris, après son acquisition, de réhabiliter, de faire connaître et de faire vivre ce haut-lieu où souffle l'esprit européen.

Au terme de l'aménagement des jardins qui bordent la propriété (jardin historique, potager, jardin des Plantes de Chez Nous), de la restitution de la maison historique dans l'état où Robert Schuman l'a connue à la fin de sa vie et de l'installation d'un nouveau mobilier liturgique dans l'église fortifiée Saint-Quentin (où est inhumé Robert Schuman), a été lancé un projet d'extension muséographique, inauguré pour la Journée de l'Europe 2009.

Si la visite de la demeure de Robert Schuman dévoile l'univers privé de l'homme politique mosellan, français et européen sous l'angle de la reconstitution d'une maison lorraine des années 1950-1960, l'exposition permanente du musée présente quant à elle sa contribution essentielle à la construction européenne dans la décennie 1950.

Alliant compréhension et émotion, la muséographie a été pensée dans l'objectif d'offrir au visiteur une approche sensible et documentée du parcours de Robert Schuman dont la vie se confond avec le destin d'une région et d'un continent.

Outre son exposition permanente, le musée dispose d'un espace dédié aux expositions temporaires, de même que d'un auditorium et d'une salle consacrée au service éducatif. La vocation patrimoniale (conservation et mise en valeur des collections), scientifique (journées d'études, publications), pédagogique (ateliers éducatifs) et documentaire (bibliothèque européenne) du site est ainsi renforcée et son offre culturelle (Semaine de l'Europe, expositions temporaires) élargie.

La Maison de Robert Schuman s'inscrit également dans un maillage de réseaux (réseau des sites labellisés « Patrimoine européen » et « Maisons des Illustres » ; réseau des « Maisons-Musées des Pères de l'Europe » et réseau des « Jardins sans Limites ») qui participent au développement et au rayonnement de son activité.

Orientée par le conseil de son Comité scientifique, la Maison de Robert Schuman offre ainsi aux visiteurs un moyen supplémentaire d'accéder à la connaissance et à la compréhension de la trajectoire d'un Lorrain des frontières, de la genèse et des enjeux actuels de la construction d'une Europe unie.

Repères

Ouvert tous les jours du 1er avril au 31 octobre sauf le mardi.

Horaires : 10 h-18 h.

Du 1er novembre au 31 mars : accueil des groupes sur réservation uniquement.

Horaires : 10 h-17 h

Du 15 décembre au 15 janvier : fermeture annuelle du site.

Visite du musée (exposition permanente + exposition temporaire).

Visite commentée de la maison historique.

Accès aux jardins et à la chapelle Saint-Quentin où repose Robert Schuman.

Plein tarif : 5,50 € / Tarif réduit : 3 € / Tarif jardin : 1,50 €.

Gratuité pour les enfants de moins de 16 ans.

Maison de Robert Schuman

8-12, rue Robert Schuman – 57160 Scy-Chazelles – France

Tel : (+33) 3-87-35-01-40 – Fax : (+33) 3-87-35-01-49

E-mail : maison-robert-schuman@cg57.fr

Site Internet : www.maison-robert-schuman.eu / www.cg57.fr

Cahiers Robert Schuman

Directeur de la collection : Sylvain Schirmann

Olivier DARD
Professeur des universités
Directeur du centre régional universitaire lorrain d'histoire
Université de Lorraine (Metz)

Michel DUMOULIN
Professeur des universités
Université catholique de Louvain (Belgique)

Robert FRANK
Professeur des universités
Directeur de l'UMR IRICE
Université de Paris I/Panthéon-Sorbonne

Christian LEQUESNE
Directeur du Centre d'études et de recherches internationales
CERI – Sciences Po – CNRS (Paris)

Jean-Denis MOUTON
Professeur des universités
Directeur du département sciences juridiques et politiques du Centre
européen universitaire (Nancy)

Éric NECKER
Conservateur en chef du patrimoine
Conservation départementale des musées

Jean-Marie PALAYRET
Directeur des archives historiques de l'Union européenne à Florence
(Italie)

Jacques PORTEVIN
Archiviste
Fondation Robert Schuman (Paris)

Laurence POTVIN-SOLIS
Chaire Jean Monnet
Maître de conférences en droit public
Université de Lorraine (Metz)

Daniela PREDA
Professeur des universités
Université de Gênes (Italie)

François ROTH
Professeur émérite des universités
Université de Lorraine (Nancy)

Georges-Henri SOUTOU
Membre de l'Institut
Professeur des universités
Université Paris IV/Sorbonne

Andreas WILKENS
Professeur des universités
Université de Lorraine (Metz)

Titres parus